CONTEÚDO DIGITAL PARA ALUNOS

Cadastre-se e transforme seus estudos em uma experiência única de aprendizado:

CB037218

1 Escaneie o QR Code para acessar a página de cadastro.

2 Complete-a com seus dados pessoais e as informações de sua escola.

3 Adicione ao cadastro o código do aluno, que garante a exclusividade de acesso.

2578737A1847253

Agora, acesse:

www.editoradobrasil.com.br/leb

e aprenda de forma inovadora e diferente! :D

Lembre-se de que esse código, pessoal e intransferível, é valido por um ano. Guarde-o com cuidado, pois é a única maneira de você utilizar os conteúdos da plataforma.

Editora do Brasil

POR_3-4365

COLEÇÃO AKPALÔ
AKPALÔ
LÍNGUA PORTUGUESA

Maria Regina Centeno Giesen

▶ Licenciada em Letras Clássicas pela Universidade Federal do Paraná (UFPR)

▶ Especialista em Literatura Brasileira e em Teoria Geral dos Signos pela UFPR

▶ Mestre em Mídia e Conhecimento pela Universidade Federal de Santa Catarina (UFSC)

▶ Professora de Língua Portuguesa do Ensino Fundamental, Ensino Médio e Ensino Superior nas redes particular e pública de ensino

3.º ANO

**Ensino Fundamental
Anos Iniciais**

**LÍNGUA
PORTUGUESA**

AKPALÔ

Palavra de origem africana que significa "contador de histórias, aquele que guarda e transmite a memória do seu povo".

São Paulo, 2019
4ª edição

**Editora
do Brasil**

Dados Internacionais de Catalogação na Publicação (CIP)
(Câmara Brasileira do Livro, SP, Brasil)

Giesen, Maria Regina Centeno
    Akpalô língua portuguesa 3º ano / Maria Regina
Centeno Giesen. – 4. ed. – São Paulo: Editora do Brasil,
2019. – (Coleção akpalô)

    ISBN 978-85-10-07603-6 (aluno)
    ISBN 978-85-10-07604-3 (professor)

    1. Português (Ensino fundamental) I. Título. II. Série.

19-27347   CDD-372.6

Índices para catálogo sistemático:
1. Português: Ensino fundamental 372.6
Maria Alice Ferreira - Bibliotecária - CRB-8/7964

ASSOCIAÇÃO
BRASILEIRA
DOS DIREITOS
REPROGRÁFICOS
Respeite o direito autoral

4ª edição / 1ª impressão, 2019
Impresso na AR Fernandez Gráfica

Editora do Brasil

Rua Conselheiro Nébias, 887
São Paulo, SP – CEP 01203-001
Fone: +55 11 3226-0211
www.editoradobrasil.com.br

© Editora do Brasil S.A., 2019
Todos os direitos reservados

Direção-geral: Vicente Tortamano Avanso

Direção editorial: Felipe Ramos Poletti
Gerência editorial: Erika Caldin
Supervisão de arte e editoração: Cida Alves
Supervisão de revisão: Dora Helena Feres
Supervisão de iconografia: Léo Burgos
Supervisão de digital: Ethel Shuña Queiroz
Supervisão de direitos autorais: Marilisa Bertolone Mendes
Supervisão de controle de processos editoriais: Roseli Said

Supervisão editorial: Selma Corrêa
Coordenação pedagógica: Josiane Sanson
Edição: Maria Cecília Fernandes Vannucchi
Assistência editorial: Camila Grande, Gabriel Madeira,
Mariana Gazeta Trindade e Olivia Yumi Duarte
Copidesque: Gisélia Costa, Ricardo Liberal e Sylmara Beletti
Revisão: Andréia Andrade, Elis Beletti, Flávia Gonçalves, Gabriel Ornelas,
Martin Gonçalves e Rosani Andreani
Pesquisa iconográfica: Daniel Andrade, Douglas Cometti, Elena Ribeiro,
Joanna Heliszkowski, Jonathan Santos e Priscila Ferraz
Assistência de arte: Lívia Danielli e Samira de Souza
Design gráfico: Estúdio Sintonia e Patrícia Lino
Capa: Megalo Design
Imagens de capa: FatCamera/iStockphoto.com e suzieleakey/iStockphoto.com
Ilustrações: Bruna Assis (abertura de unidades), Bruna Ishihara,
Camila Hortencio, Carlos Caminha, Carolina Sartório, Clarissa França,
Desenhorama, DKO Estúdio, Eduardo Belmiro, Estúdio Kiwi, Estúdio Mil, Evandro
Marenda, Fábio Nienow, Fernando Raposo, Hélio Senatore, Marcos Machado,
Marilia Pirillo, Sandra Lavandeira, Simone Matias e Silvana Rando.
Coordenação de editoração eletrônica: Abdonildo José de Lima Santos
Editoração eletrônica: Regiane Santana e Talita Lima
Licenciamentos de textos: Cinthya Utiyama, Jennifer Xavier,
Paula Harue Tozaki e Renata Garbellini
Controle de processos editoriais: Bruna Alves, Carlos Nunes,
Rafael Machado e Stephanie Paparella

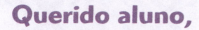

Querido aluno,

Fizemos este livro pensando em você, que gosta de aprender e de saber o porquê das coisas.

Nele, você lerá textos divertidos, poéticos, curiosos e cheios de informações. Também vai escrever, trocar ideias, ouvir histórias, cantar e brincar!

Com este livro, queremos que você desenvolva os conhecimentos da língua portuguesa que já possui e aprenda sempre mais, para interagir com as pessoas pela fala e pela escrita usando cada vez melhor os recursos da nossa língua.

Que este ano seja divertido e com muitas descobertas!

Um abraço,
A autora

Marcos De Mello

Sumário

UNIDADE 1

Uma flor e sua história 8

Stop 10

Texto 1 – História em quadrinhos (HQ):
"Papa-Capim em: Flor difícil",
de Mauricio de Sousa 11

➤ **Estudo do texto** 15
➤ **#Digital:** Quadrinhos na tela do computador 19
➤ **Estudo da escrita:**
Representação de sons nasais 20

Texto 2 – Lenda: "A vitória-régia",
de Silvana Salerno 22

➤ **Estudo do texto** 24
➤ **Oralidade:** Reconto de lenda 27
➤ **Aí vem história:** "Resgate na floresta",
de Reginaldo Prandi 27
➤ **Como eu vejo:** Alguns personagens
de lendas 28
➤ **Como eu transformo:**
Lendas de todos os cantos 30
➤ **Estudo da escrita:**
Letras l e r em final de sílaba 31
Ch, lh, nh 33
➤ **Produção de texto:** Reconto de lenda ... 34

➤ **Revendo o que aprendi** 36
➤ **Para ir mais longe** 39

UNIDADE 2

Planeta bicho 40

Cada um em seu lugar! 42

Texto 1 – Notícia: "Tamanduá-mirim
é capturado passeando pelas ruas de
Uberlândia", de Pedro Ferreira 43

➤ **Estudo do texto** 45
➤ **Estudo da escrita:** Tipos de sílaba 48
Classificação das palavras quanto
ao número de sílabas 49
➤ **Oralidade:** Telejornal da turma 52

Texto 2 – Verbete de enciclopédia:
"Zoológico", *Enciclopédia Escolar*
Britannica 54

➤ **Estudo do texto** 56
➤ **Estudo da escrita:** Palavras com s e
com ss 59
Sílaba tônica 62
➤ **Produção de texto:**
Verbete de enciclopédia 64
➤ **Aí vem história:** "Bicho homem",
de César Obeid 65

➤ **Revendo o que aprendi** 66
➤ **Para ir mais longe** 69

Marília Prillo

Marília Prillo

UNIDADE 3

Criança tem direitos! **70**

Pedra, papel e tesoura e adoleta............ 72

Texto 1 – Declaração de direitos:
"Declaração dos Direitos da Criança" 73
> **Estudo do texto** 75
> **Estudo da escrita:** R e **rr**...................... 78

Texto 2 – Poema: "Mais respeito,
eu sou criança!", de Pedro Bandeira....... 80
> **Estudo do texto** 81
> **Estudo da escrita:** Acentuação gráfica
de oxítonas terminadas em **a, e, o** 83
Acentuação gráfica de monossílabas
terminadas em **a, e, o** 85
> **Produção de texto:** Poema 86
> **Oralidade:** Debate.................................. 88
> **Aí vem história:** "Declaração universal
do moleque invocado", de
Fernando Bonassi 89

> **Revendo o que aprendi** 90
> **Para ir mais longe** 93

UNIDADE 4

Cuidar da natureza **94**

Completando a paisagem...................... 96

Texto 1 – Reportagem:
"Estudo identifica a regeneração
de mais de 200 mil hectares da
Mata Atlântica", *Pensamento Verde* 97
> **Estudo do texto** 98
> **Estudo da língua:** Adjetivo.................. 100
> **Estudo da escrita:** A letra r em final de
sílaba.. 103

Texto 2 – Texto instrucional:
"Preservar a água é preservar a vida",
da Prefeitura de João Monlevade 104
> **Estudo do texto** 106
> **Estudo da escrita:** Dicionário e ordem
alfabética... 108
C ou **qu?**... 110
> **Produção de texto:**
Texto instrucional................................. 112
> **Aí vem história:** "Cidadania é
quando...", de Nílson José Machado 113
> **Oralidade:** Vídeo de culinária.............. 114

> **Revendo o que aprendi** 116
> **Para ir mais longe** 119

UNIDADE 5

Da boca para fora 120

História maluca 122

**Texto 1 – Fábula: "A raposa e o corvo",
de Esopo** 123

> **Estudo do texto** 124
> **Aí vem história:** "A lebre e o
> camaleão", fábula angolana................ 127
> **Estudo da escrita:** Sinais de
> pontuação 128
> **Estudo da língua:** Verbo: tempos e
> pessoas.. 130
> **Oralidade:** Enquete e debate.............. 134

**Texto 2 – Conto acumulativo ou
lenga-lenga: "A mosca e a moça",
de Angela Leite de Souza** 136

> **Estudo do texto** 138
> **Estudo da língua:**
> Pronomes pessoais 140
> **Produção de texto:**
> Conto acumulativo.............................. 143

> Revendo o que aprendi 146
> Para ir mais longe 149

UNIDADE 6

Que história é essa? 150

Quebra-cabeça 152

**Texto 1 – História em quadrinhos (HQ):
"Dudu e o pé de feijão", de
Mauricio de Sousa** 153

> **Estudo do texto** 159
> **Um pouco mais sobre:**
> Intertextualidade 164
> **Estudo da língua:** Sujeito e
> predicado.. 165
> Sinônimos e antônimos 167

**Texto 2 – Conto popular: "Por que o
cachorro foi morar com o homem", de
Rogério Andrade Barbosa**.................... 168

> **Estudo do texto** 170
> **Aí vem história:** "A semente",
> de Manuel Rui 173
> **Estudo da língua:** Objeto direto 174
> **Produção de texto:** Intertextualidade:
> narrativa baseada em conto popular.... 176

> Revendo o que aprendi 178
> Para ir mais longe 181

UNIDADE 7

Boa viagem! 182

Fazendo a mala 184

**Texto 1 – Texto dramático:
"A viagem de um barquinho",
de Sylvia Orthof**................................ 185

> **Estudo do texto** 189
> **#Digital:** Ferramentas
> de formatação.................................... 193
> **Como eu vejo:** Teatro 194
> **Como eu transformo:** Diversidade
> em cena 196
> **Estudo da língua:** Pronomes
> possessivos 197

**Texto 2 – Anúncio: "Aracaju não tem
acento", da Prefeitura de Aracaju** 199

> **Estudo do texto** 200
> **Estudo da língua:** Pronomes
> demonstrativos.................................... 203
> **Estudo da escrita:** G ou gu? 206
> **Produção de texto:**
> Anúncio turístico................................ 208
> **Aí vem história:** "O perfume do mar",
> de Jonas Ribeiro.................................. 209

> Revendo o que aprendi 210
> Para ir mais longe 213

UNIDADE 8
Comunicação é importante! 214

Telefone sem fio.................................. 216

Texto 1 – Artigo de divulgação científica: "Como se orientam os pombos-correio?", *Mundo Estranho*..... 217
- > Estudo do texto 218
- > Aí vem história: "Carta errante, avó atrapalhada, menina aniversariante", de Mirna Pinsky......................... 221
- > Estudo da língua: Prefixos....................222
- > Produção de texto: Relatório de pesquisa 225

Texto 2 – Carta do leitor: Carta de alunos do 4º ano à revista *Ciência Hoje das Crianças* 227
- > Estudo do texto 228
- > Estudo da língua: Sufixos 232
- > Produção de texto: Carta do leitor 234
- > Um pouco mais sobre: Cartas.............. 236

- > Revendo o que aprendi 238
- > Para ir mais longe 241

UNIDADE 9
Alô, alô! É a cultura popular 242

Brincar de rima.................................. 244

Texto 1 – Poema de cordel: "Brincadeiras populares", de Abdias Campos............................. 245
- > Estudo do texto 248
- > Aí vem história: "O Branco" e "O Roxo ou o Violeta", de Maria Augusta de Medeiros................. 251
- > Um pouco mais sobre: O mesmo tema, muitas obras.............. 252
- > Estudo da língua: Adjunto adnominal................................. 253

Texto 2 – Notícia: "Exposição traz história do telefone; veja a evolução do aparelho em 6 modelos", *Folha de S.Paulo* 255
- > Estudo do texto 258
- > Estudo da escrita: Sons da letra c 261
- > C ou ç? 262
- > Oralidade: Pelo telefone 264
- > Produção de texto: Pesquisa sobre brincadeiras e exposição oral 266

- > Revendo o que aprendi 268
- > Para ir mais longe 271

Aí vem história – Textos 272

Atividades para casa 290

Referências... 314

Encartes.. 315

Sandra Lavandeira

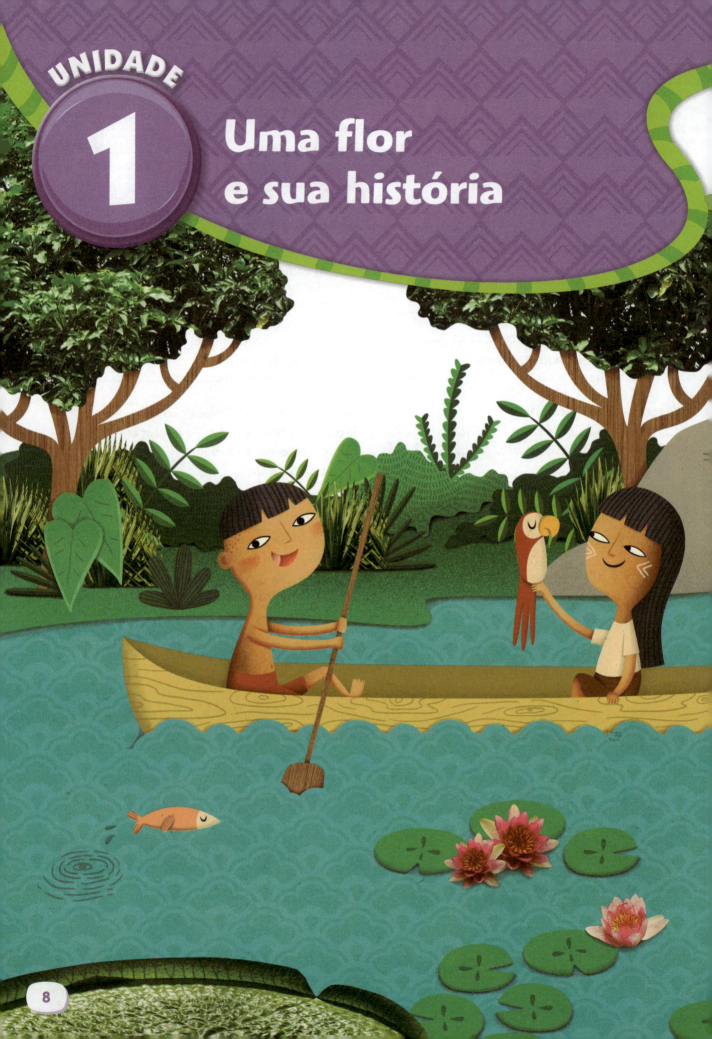

- Observe a imagem. Que lugar você acha que é este?
- Seus momentos de lazer são parecidos com o que se mostra na imagem? Conte aos colegas.
- Você conhece as flores que aparecem na parte de baixo da imagem? O que sabe sobre elas?

Bruna Assis

Stop

Vamos jogar *stop*? Esse jogo é conhecido também como **adedanha** ou **adedonha**, e ele é muito bom para treinar a memória e testar conhecimentos gerais.

Recorte na página 315 o quadro que vai ser preenchido no jogo. O professor vai explicar as regras; ouça as orientações dele e divirta-se!

Camila Hortencio

1 Na página seguinte, você vai ler uma história em quadrinhos em que aparece este personagem da Turma da Mônica. Você o conhece? O que sabe sobre ele?

© Maurício de Sousa Editora Ltda.

2 Leia o título da história. Com base nele, o que você imagina que vai ler?

3 Passe os olhos pela história toda. Você percebe algo diferente nela? Que elemento das histórias em quadrinhos não aparece nessa história?

Agora leia a história em quadrinhos.

História em quadrinhos (HQ)

© Maurício de Sousa Editora Ltda.

© Mauricio de Sousa Editora Ltda.

Mauricio de Sousa. *Turma da Mônica*, São Paulo, n. 87, mar. 2014.

© Mauricio de Sousa Editora Ltda.

Quem escreveu?

Mauricio de Sousa nasceu em Santa Isabel, no estado de São Paulo, em 1935. É o criador da Turma da Mônica, uma série de quadrinhos inspirada em seus filhos e familiares.

Bruno Poletti/Folhapress

1 A história "Flor difícil" é contada só por palavras, por palavras e imagens ou só por imagens?

_____

2 Quem é o personagem principal dessa história? Como você chegou a essa conclusão?

_____

_____

3 As cenas dessa história se passam durante o dia ou à noite? Que elementos mostram isso?

_____

_____

4 Observe de novo o primeiro quadrinho.

a) De quem é o braço que aparece nesse quadrinho?

_____

b) O que o personagem precisou fazer para alcançar a flor?

_____

_____

5 Agora observe o segundo quadrinho. A expressão facial de Papa-Capim nessa cena revela que ele está:

☐ alegre.   ☐ assustado.   ☐ envergonhado.

6 No terceiro quadrinho, qual dos elementos mostra que o menino está prestes a enfrentar um problema?

_____

_____

7 Observe estes quadrinhos e converse com os colegas.

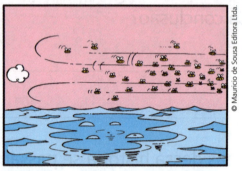

© Maurício de Sousa Editora Ltda.

a) O que a imagem do quadrinho à esquerda representa?

b) Por que Papa-Capim não foi desenhado nessa imagem?

c) E no quadrinho à direita? Onde está o menino e o que as abelhas estão fazendo?

d) O que você observou na imagem para saber o que elas estão fazendo?

8 Numere os quadrinhos na ordem em que os fatos acontecem depois que Papa-Capim se livra das abelhas.

☐ As indiazinhas correm atrás de Papa-Capim.

☐ Uma onça persegue Papa-Capim.

☐ As piranhas do rio querem pegá-lo.

☐ O garoto conta à amiga tudo o que enfrentou para trazer a flor.

☐ O menino tromba com um macaco, que corre atrás dele.

☐ Ele cruza o rio pisando em jacarés, e um deles quer pegá-lo.

9 Observe o quadrinho a seguir.

© Mauricio de Sousa Editora Ltda.

a) Que sinais foram desenhados sobre a cabeça dos dois primeiros jacarés a contar da esquerda para a direita?

b) O que eles indicam?

c) O que Papa-Capim parece estar sentindo? Como você percebeu isso?

10 Papa-Capim enfrentou muitos perigos. Qual era o objetivo dele?

_____

11 Observe o segundo quadrinho da página 14, em que aparecem Papa-Capim e Jurema.

a) O que as imagens nos balões de fala representam?

b) Pela expressão de Jurema, o que ela sentiu ao ouvir o relato de Papa-Capim?

12 Por que, no final da história, as outras meninas começaram a olhar para Papa-Capim e o perseguiram?

13 Por que o garoto não entregou a flor a Jurema?

14 Para você, qual foi o maior perigo enfrentado por Papa-Capim? Por quê?

_____

_____

15 O que você precisou observar para ler essa história? Converse com os colegas e o professor e assinale as alternativas adequadas.

- ☐ A expressão do rosto dos personagens.
- ☐ As falas dos personagens.
- ☐ Os elementos que indicam movimento.
- ☐ Os textos escritos.
- ☐ A sequência dos quadrinhos.
- ☐ As cores.

> Mesmo quando uma história em quadrinhos tem texto escrito, é preciso prestar atenção nos recursos gráficos: as cores, a expressão dos personagens e a posição em que foram desenhados, os traços e as fumacinhas – que indicam movimento, mudança de direção, queda, trombada etc.

16 Qual é o objetivo dessa história em quadrinhos?

☐ Divertir o leitor.   ☐ Emocionar o leitor.

17 Agora que você já conhece toda a história, explique por que o título dela é "Flor difícil".

_____

_____

_____

18 Você gostou da história "Flor difícil"? Por quê?

_____

_____

Quadrinhos na tela do computador

Há vários recursos digitais para quem quer criar uma história em quadrinhos – para publicá-la ou apenas para se divertir.

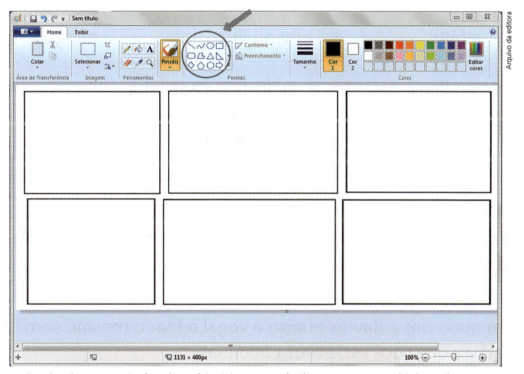

▶ O primeiro passo é planejar a história para calcular quantos quadrinhos ela terá e de que tamanho eles serão. Em seguida, pode-se abrir um editor de imagens no computador, localizar a ferramenta para inserir quadrados e retângulos e desenhar os quadrinhos na página.

▶ Com as ferramentas Lápis ou Pincel, é possível desenhar personagens e cenários e deixar espaço para os balões de fala, um recurso que muitos programas têm. As ferramentas dos programas de edição de imagens também permitem indicar movimento, mudança de direção, trombada, pulo etc.

Com a orientação do professor, explore esses recursos no computador da escola.

Ilustrações: Camila Hortencio

Representação de sons nasais

1 Leia em voz alta as palavras a seguir. Em quais delas a vogal **i** tem o mesmo som que em **Papa-Capim**? Faça um **X** nelas.

> jabuti   amendoim   mingau

2 Siga o código e descubra a resposta da adivinha.

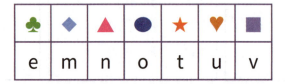

♣	◆	▲	●	★	♥	■
e	m	n	o	t	u	v

O que é, o que é?
Pode passar diante do Sol
sem fazer sombra.

Domínio público.

◆ Em quais das palavras abaixo a vogal **e** tem o mesmo som que na palavra que você escreveu? Circule-as.

> anel   jovem   camelo   gente

3 Os sons que parecem sair pelo nariz são chamados de **sons nasais**. Separe as sílabas das palavras e pinte os quadrinhos em que há uma vogal com som nasal.

a) campo: ⬚ ⬚   d) bombom: ⬚ ⬚

b) dente: ⬚ ⬚   e) onça: ⬚ ⬚

c) pintar: ⬚ ⬚   f) bumbo: ⬚ ⬚

◆ Nas palavras que você pintou, que letra aparece depois da vogal nasal?

4 Forme novas palavras escrevendo cada sílaba em um quadrinho e acrescentando **m** ou **n** no fim da primeira sílaba. Antes de **b** ou **p** escreva **m**; antes das outras consoantes, use **n**.

a) mato: ☐ ☐   c) sobra: ☐ ☐

b) tapa: ☐ ☐   d) mudo: ☐ ☐

5 Agora numere os nomes associando-os às imagens.

☐ romã   ☐ tubarões   ☐ macarrão   ☐ pães

a) Circule nessas palavras a vogal que tem som nasal.

b) Qual é a função do sinal ~ (til)?

6 Leia as palavras e faça o que se pede.

canguru   maçã   não   sempre   semente   limpo

tinta   bomba   mamões   caxumba   segundo

a) Pinte de **laranja** as palavras que têm som nasal marcado com **m** ou **n**.

b) Circule as palavras que têm som nasal marcado com til (~).

Na escrita, as vogais nasais podem ser marcadas acrescentando-se **m** ou **n** depois da vogal (com **m** ou **n** em final de sílaba) ou colocando-se til nas letras **a** e **o**.

1 Observe a planta mostrada na fotografia. Essa planta é a vitória-
-régia, que você viu na abertura da
unidade. O texto a seguir é uma narrativa
que explica como a vitória-régia surgiu.
Observe a ilustração nesta página e
seguinte. Será que há relação entre a
vitória-régia e a menina indígena? Conte
aos colegas o que você imagina, depois
leia o texto.

▶ Vitória-régia.

A vitória-régia

[...]

Há muitos anos, vivia numa aldeia uma garota sonhadora chamada
Araci. Estava sempre pensando numa lenda que dizia que a mulher que
conseguisse tocar a Lua iria se casar com o mais belo guerreiro. Muito
ingênua, Araci vivia subindo no topo dos morros e nas árvores mais altas
na tentativa de alcançar a Lua.

Numa noite como esta, ela passeava junto à lagoa, quando viu o reflexo da Lua na água. Imaginando que a Lua tivesse descido para ser tocada, mergulhou no lago e foi nadando na sua direção. Mas quanto mais ela nadava, mais a imagem se afastava. Estava muito longe da margem, quando, decepcionada, resolveu voltar. Araci começou a nadar com afobação, perdeu o fôlego e morreu afogada no fundo das águas.

A Lua assistiu à cena e sentiu remorso. Já que não podia se tornar um guerreiro para se casar com Araci, faria dela uma flor diferente, a mais bela de todas, e transformou o corpo da moça na vitória-régia. E parece que ela tem poder, porque muitas garotas se enfeitam com as suas pétalas para arranjar namorado.

Silvana Salerno. *Viagem pelo Brasil em 52 histórias*. São Paulo: Companhia das Letrinhas, 2006. p. 34-35.

Glossário

Ingênuo: inocente.

Topo: a parte mais elevada ou a ponta de algo.

Quem escreveu?

Silvana Salerno nasceu em 1952, em São Paulo, capital. Formada em Jornalismo, ela é escritora e editora de livros. Recebeu um prêmio pelo livro *Viagem pelo Brasil em 52 histórias*.

1 Que expressão, no começo do texto, indica quando a história aconteceu?

_____

2 Releia a segunda frase do primeiro parágrafo.

a) A palavra "sempre" tem a função de indicar _____ (tempo/lugar).

b) Circule no texto uma expressão que também tem essa função.

3 Onde acontece a história?

_____

a) Pinte no texto as expressões que indicam esses lugares.

b) É possível saber com exatidão onde ficam esses locais?

_____

4 Para que servem as expressões que indicam tempo e lugar nessa narrativa? Converse com os colegas e o professor e escreva a conclusão a que chegarem.

_____

_____

_____

5 Quem são os personagens da história?

_____

6 Converse com os colegas.

a) Por que Araci queria tocar a Lua?

b) Por que ela se jogou no lago?

c) O que fez Araci pensar que a Lua estava na lagoa?

d) Após a morte de Araci, a Lua sentiu remorso. O que é sentir remorso?

e) O que a Lua fez no final e por quê?

> A narrativa que você leu é uma lenda. **Lendas** são narrativas da tradição oral por meio das quais as pessoas explicam fatos da natureza ou outros acontecimentos.
>
> As lendas se passam em um espaço indeterminado e em um tempo antigo, mas não especificado, e misturam elementos reais com elementos imaginários, da fantasia.

7 Releia o trecho a seguir.

A Lua assistiu à cena e sentiu remorso. Já que não podia se tornar um guerreiro para se casar com Araci, [...] transformou o corpo da moça na vitória-régia. E parece que **ela** tem poder, porque muitas garotas se enfeitam com as **suas pétalas** para arranjar namorado.

Simone Matias

a) A quem se refere a palavra "ela"?

_____

_____

b) Nesse trecho, "suas pétalas" são:

☐ as pétalas das garotas.

☐ as pétalas da vitória-régia.

8 Converse com os colegas e o professor.

a) Você imaginou que o texto daria essa explicação para a origem da vitória-régia?

b) Você conhecia essa lenda?

c) Conhece outra versão dessa lenda? Se conhece, conte-a aos colegas.

> A lenda da vitória-régia é de origem indígena. As lendas indígenas, assim como as de outros povos, por muito tempo foram passadas oralmente, de memória, de uma geração a outra. Por isso já não se sabe quem as criou e é comum haver várias versões da mesma lenda.

9 Agora leia este trecho de um artigo de divulgação científica sobre a vitória-régia.

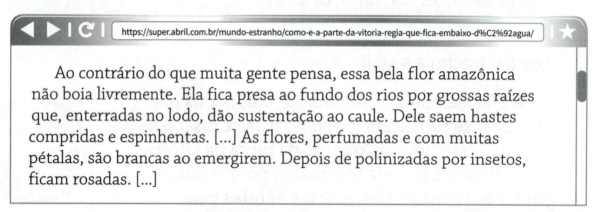

https://super.abril.com.br/mundo-estranho/como-e-a-parte-da-vitoria-regia-que-fica-embaixo-d%C2%92agua/

Ao contrário do que muita gente pensa, essa bela flor amazônica não boia livremente. Ela fica presa ao fundo dos rios por grossas raízes que, enterradas no lodo, dão sustentação ao caule. Dele saem hastes compridas e espinhentas. [...] As flores, perfumadas e com muitas pétalas, são brancas ao emergirem. Depois de polinizadas por insetos, ficam rosadas. [...]

Como é a parte da vitória-régia que fica embaixo d'água? *Mundo Estranho*, Abril Comunicações S.A. 1º de abril 2002. Ed. 3, p. 29. Disponível em: <https://super.abril.com.br/mundo-estranho/como-e-a-parte-da-vitoria-regia-que-fica-embaixo-d%C2%92agua/>. Acesso em: 8 jun. 2019.

a) Converse com os colegas e o professor para esclarecer o sentido das palavras que você não conhece.

b) O que se diz sobre a vitória-régia nesse texto é criado pela imaginação, como na lenda? Por quê?

c) O objetivo de quem lê esse texto de divulgação científica é o mesmo de quem lê a lenda da vitória-régia?

Reconto de lenda

Forme um grupo com alguns colegas para recontar oralmente a lenda da vitória-régia.

O professor vai dizer quem de vocês fará o reconto. Os demais devem ouvir a narrativa com respeito e ajudar quem estiver contando a lembrar-se da história.

Simone Matias

O grupo todo vai preparar-se fazendo um roteiro do que não pode faltar na narrativa.

1. Dizer aos colegas o título da lenda.
2. Iniciar a história com uma expressão que indique quando ela ocorreu. Não precisa ser a expressão usada na lenda que você leu. Pode ser, por exemplo: **muito tempo atrás**, **há muitos e muitos anos**, **houve um tempo** etc.
3. Dizer onde a história aconteceu.
4. Apresentar a personagem principal e explicar por que ela queria tocar a Lua.
5. Contar o que aconteceu com a personagem na ordem em que os fatos ocorreram. Algumas palavras e expressões que marcam a passagem do tempo: **antes**, **depois**, **mais tarde** etc.

Na hora de contar a lenda aos colegas, fale em tom que todos ouçam, sem pressa e olhando para eles. Consulte o roteiro, se precisar.

Aí vem história

Os povos indígenas do Brasil têm muitas histórias para contar. Na página 272, leia a história do menino indígena que se arrisca para salvar um macaquinho capturado por bandidos.

Como eu vejo

Alguns personagens de lendas

A lenda da vitória-régia é uma das muitas histórias que fazem parte da cultura tradicional do povo brasileiro, também chamada de folclore. Conheça alguns personagens de nosso folclore.

A lenda da **Mula sem cabeça** provavelmente foi trazida para o Brasil por portugueses e espanhóis. Ela solta fogo pelo pescoço e, nas noites de sexta-feira, sai galopando rápido, assustando todo mundo, relinchando e, às vezes, soluçando como um ser humano.

Segundo uma lenda indígena, o **Curupira** parece uma criança ou um homem bem pequeno, de cabelos cor de fogo e pés virados para trás. É guardião da mata e castiga quem maltrata os animais ou destrói a floresta.

Em outra lenda indígena, **Iara** era uma jovem muito bonita. Traída pelos irmãos, foi jogada no rio e transformou--se em um ser que é metade mulher, metade peixe. O homem que olha para Iara logo se apaixona e é levado por ela ao fundo do rio, de onde nunca mais retorna.

Fabio Nienow

A lenda do **Boitatá** também é de origem indígena. O Boitatá é uma assustadora cobra em chamas que defende as matas. Quem olha para ela pode ficar cego, enlouquecer ou até morrer, por isso a pessoa que a encontra deve ficar parada, de olhos fechados e sem respirar.

No começo, a lenda do **Saci** dizia que ele era um menino indígena travesso. Depois, por influência das histórias contadas por africanos escravizados trazidos ao Brasil, a lenda passou a ser de um menino negro muito arteiro, que usa um gorro vermelho e tem apenas uma perna.

Pinte as partes dos personagens que não estão coloridas, de acordo com o que você leu sobre eles.

1. Que povos contribuíram para a criação desses personagens?

2. Você conhece alguma lenda ou algum personagem do folclore que seja próprio de sua região? Conte aos colegas.

Como eu transformo

Lendas de todos os cantos

 Arte   Geografia   História

O que vamos fazer?

Um Dia de Contação de Lendas.

Com quem fazer?

Com os colegas e o professor.

Para que fazer?

Para conhecer mais lendas e mostrar aos participantes do evento que o folclore é resultado da contribuição de pessoas vindas de muitos lugares.

Como fazer?

Fabio Nienow

1 Com a orientação do professor, você e os colegas vão convidar diferentes pessoas – familiares, conhecidos, professores e funcionários da escola – para que, num dia previamente combinado, elas contem a vocês e a colegas de outra turma as lendas que conhecem.

2 O professor organizará a turma em grupos, e cada grupo terá uma destas tarefas:

- ◆ conversar com as pessoas que vocês gostariam que contassem as lendas e convidá-las para o Dia de Contação de Lendas;

- ◆ convidar outra turma da escola para vir ao evento;

- ◆ decorar o espaço onde acontecerá a contação com cartazes sobre o folclore;

- ◆ receber os convidados e, no final, agradecer a eles a participação.

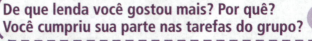 De que lenda você gostou mais? Por quê?
Você cumpriu sua parte nas tarefas do grupo?

Letras l e r em final de sílaba

1 Observe as imagens e fale o nome de cada uma.

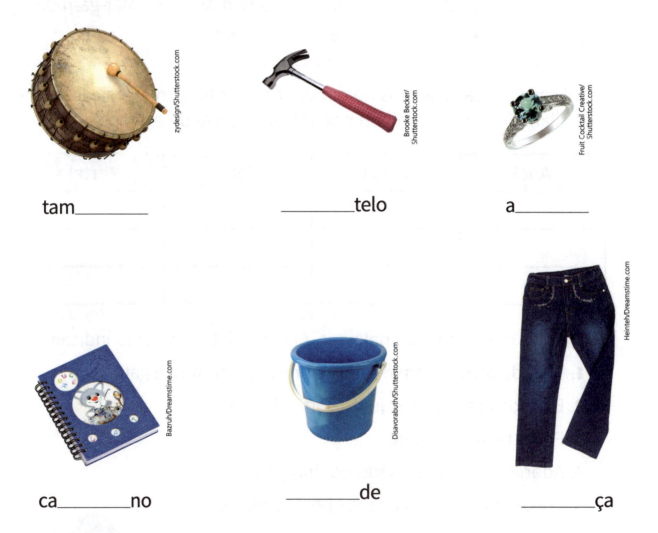

tam_____   _____telo   a_____

ca_____no   _____de   _____ça

a) Escreva a sílaba que falta em cada nome.

b) Pinte de **verde** as sílabas que terminam com a letra **l**.

c) As sílabas que você pintou estão no começo, no meio ou no fim da palavra?

d) Pinte de **laranja** as sílabas que terminam com a letra **r**.

e) As sílabas que você pintou estão no começo, no meio ou no fim da palavra?

2 Leia com os colegas e o professor as palavras a seguir, separadas em sílabas, e observe as letras **l** e **r** em final de sílaba.

flor-zi-nha	cal-do	mor-ce-go	na-dar
al-môn-de-ga	fu-nil	a-ni-mal	mar-ga-ri-da
fol-ga	ra-dar	a-zul	co-lher

❖ Escreva essas palavras no quadro de acordo com a posição que a sílaba terminada em **l** ou **r** ocupa na palavra de exemplo.

Anel	Calça	Cocar	Martelo

3 Resolva o diagrama de palavras. Algumas letras já estão indicadas!

1. Tipo de cordão com o qual se brinca de cama de gato.

2. É usado em caçadas, junto com a flecha.

3. Pegar peixes na água.

4. Adorno de cabeça usado por indígenas.

5. Povoação habitada apenas por indígenas.

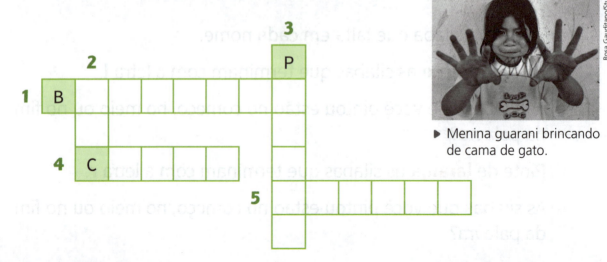

▶ Menina guarani brincando de cama de gato.

Rosa Gauditano/Studio R

Ch, lh, nh

1 Releia o trecho a seguir.

Há muitos anos, vivia numa aldeia uma garota sonhadora chamada Araci. Estava sempre pensando numa lenda que dizia que a mulher que conseguisse tocar a Lua iria se casar com o mais belo guerreiro.

a) Quando você diz em voz alta a palavra **há**, qual é o primeiro som pronunciado?

b) Sublinhe as palavras escritas com **ch**, **lh** ou **nh** e leia-as em voz alta. Nessas palavras o **h** é pronunciado?

2 Cante esta cantiga com os colegas e o professor e escreva nos espaços as sílabas que faltam.

Ai, ai, ai minha machadi_____

Ai, ai, ai minha ma_____dinha
Quem te pôs a mão
sabendo que és minha
Quem te pôs a mão

sabendo que és mi_____

Se tu és _____nha
eu também sou tua

Pula macha_____nha
pro meio da rua

Domínio público.

> Na divisão de sílabas, as letras **ch**, **lh** e **nh** não se separam.
> Exemplos: **ch**a-mi-né, ga-**lh**o, ca-si-**nh**a.

3 Adivinhe e escreva a resposta, depois separe a palavra em sílabas.

O que é que vive com os pés na cabeça?

Domínio público.

_____

_____

Reconto de lenda

Você leu e recontou oralmente a lenda da vitória-régia. Agora escreva a história para oferecer a alguém de sua família e, se seu texto for sorteado, ele poderá ser publicado no jornal ou no *blog* da escola.

Preparação e produção

Releia a lenda na página 22 para relembrar quando e onde a história se passa, quem são os personagens, o que eles fazem e por quê. Anote essas informações abaixo.

_____

_____

_____

_____

Você não vai copiar a lenda, e sim recontá-la com suas palavras. Então escreva uma primeira versão do texto.

1. Inicie a narrativa com uma expressão que indique aos leitores quando a história aconteceu: **muito tempo atrás, há muito tempo, muitos anos atrás**.

2. Indique o local dos acontecimentos e apresente a personagem principal. Explique como ela era e por que queria tocar a Lua.

3. Use palavras e expressões que mostrem aos leitores a ordem em que os fatos acontecem: **depois, mais tarde, nessa noite** etc.

4. Descreva o cenário para que os leitores consigam imaginar onde a história se passou.

5. Você pode escrever o reconto em três parágrafos, como no texto da página 22.

Revisão

Mostre o texto a um colega. Ele vai revisá-lo orientando-se pelas questões a seguir.

1. Pelo reconto, mesmo quem não conhece a lenda da vitória-régia vai poder entender a história?
2. Esse leitor encontra no texto palavras e expressões que indicam quando e onde a história se passa?
3. É possível entender por que Araci queria tocar a Lua e por que ela se afogou?
4. O leitor compreende que a Lua transformou o corpo da jovem em uma vitória-régia?
5. As frases estão pontuadas corretamente?
6. As palavras estão escritas com as letras certas?

De acordo com as observações de seu colega, reescreva o que for necessário e entregue o texto ao professor. Depois da leitura dele, passe a lenda a limpo em uma folha de papel e ilustre-a. Escreva, no alto, o título e, no final, seu nome, pois você é o autor dessa versão da narrativa.

Divulgação

Se for possível em sua escola, digite seu reconto utilizando um programa de edição de texto. Para ilustrá-lo, você pode usar um editor de imagens.

Se houver na escola um jornalzinho ou *blog*, participe de um sorteio feito pelo professor para escolher um dos textos da turma para enviar a essa publicação.

Entregue seu texto a um parente ou amigo, assim mais gente conhecerá essa história da tradição oral de nosso país.

Simone Matias

1 Encontre e circule no diagrama sete palavras que têm a letra **l** em final de sílaba. Atenção: as palavras podem estar na horizontal ou na vertical.

M	A	C	A	N	A	L	M	E	A	Ç
A	L	F	I	N	E	T	E	C	L	T
O	M	I	P	E	D	A	L	L	T	S
S	O	Ç	N	W	Z	I	O	P	U	R
I	Ç	Y	Q	E	B	U	R	Q	R	E
H	O	S	P	I	T	A	L	U	A	X

a) Copie as palavras que você encontrou.

_____

_____

b) Circule nessas palavras a sílaba que termina com **l**.

2 Organize as letras e forme o nome das imagens.

o c a b r

r a r o t t

e c g m o o r

_____ _____ _____

◆ Circule nas palavras que você formou a sílaba que termina com **r**.

3 Faça um **X** nas palavras que têm uma sílaba terminada em **r**.

por-tão   car-ta   pe-ru   mo-ran-go   ca-lor

4 Leia o trava-língua com os colegas e o professor. Vamos ver quem consegue dizê-lo bem rápido e sem errar?

A pia perto do pinto, o pinto perto da pia.
Quanto mais a pia pinga, mais o pinto pia.

Domínio público.

a) Circule as letras que representam vogais nasais.

b) Quais das palavras abaixo também têm vogal nasal? Pinte-as.

> samba   sanduíche   carteira   jardim   abacaxi   batom

5 Acrescente **m** ou **n** no final da primeira sílaba das palavras abaixo e forme outras palavras. Escreva: **m** antes de **b** e **p**; **n** antes de outras consoantes.

a) frete: _____

c) ata: _____

b) cata: _____

d) rapa: _____

6 Complete adequadamente com **m** ou **n**.

a) ba____bu

c) ja____tar

e) qui____tal

b) sara____po

d) bo____beiro

f) le____da

7 Leia a adivinha e escreva a resposta.

O que é que está no chão e se põe no pão?

Domínio público.

_____

❖ Reescreva a adivinha trocando **chão** e **pão** por outras palavras terminadas em **ão**. Se precisar, troque **no** por **na**.

_____

_____

8 Leia algumas informações sobre a vitória-régia e complete as palavras com **ch**, **lh** ou **nh**.

◆ A fo_____a da vitória-régia suporta até 45 quilos sem afundar.

◆ O nome da planta homenageia a rai_____a Vitória, que governou a Inglaterra e a Irlanda de 1837 a 1901.

◆ A planta é sustentada por longas hastes_____eias de espi_____os, que espantam peixes predadores.

Fonte das informações: *Recreio*, 6 maio 2015. Disponível em: <http://recreio.uol.com.br/noticias/ curiosidades/os-segredos-da-vitoria-regia.phtml#.WfMAHGhSyM8>. Acesso em: 27 out. 2017.

9 Leia a tirinha abaixo com os colegas e o professor.

Mauricio de Sousa.

a) Observe as expressões de Papa-Capim no primeiro e no último quadrinhos e assinale a alternativa adequada.

◆ No primeiro quadrinho ele está:

☐ alegre, animado.　　　　　☐ triste, desconsolado.

◆ No último quadrinho ele está:

☐ alegre, animado.　　　　　☐ triste, desconsolado.

b) No último quadrinho, por que o personagem está dessa maneira?

_____

_____

Livros

Editora do Brasil

▶ **Cordelendas: histórias indígenas em cordel**, de César Obeid. São Paulo: Editora do Brasil, 2014.

As lendas indígenas explicam a origem de diversas coisas. No livro elas são contadas em forma de cordel, um tipo de poema com muita rima e ritmo.

▶ **As serpentes que roubaram a noite e outros mitos**, de Daniel Munduruku. São Paulo: Peirópolis, 2001.

Conheça alguns mitos da etnia munduruku, histórias contadas pelos mais velhos aos mais novos para ensinar a cultura e os valores desse povo.

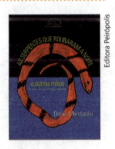

Editora Peirópolis

Editora L&PM

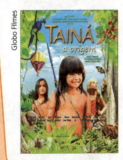

▶ **Peanuts completo**, de Charles Schultz. São Paulo: L&PM, 2011. v. 4.

Nesse livro, você vai ler histórias vividas pelo garoto Charlie Brown, seu cachorro Snoopy e o restante da turma: Linus, Lucy, Patty e outros.

Filme

Globo Filmes

▶ **Tainá: a origem**. Direção de Rosane Svartman. Brasil: Globo Filmes, 2013, 80 min.

Depois da morte da mãe, a menina indígena Tainá é criada pelo velho e solitário pajé Tigê. Quando piratas da biodiversidade invadem a Floresta Amazônica, Tainá luta para defender seu povo e descobrir sua verdadeira origem.

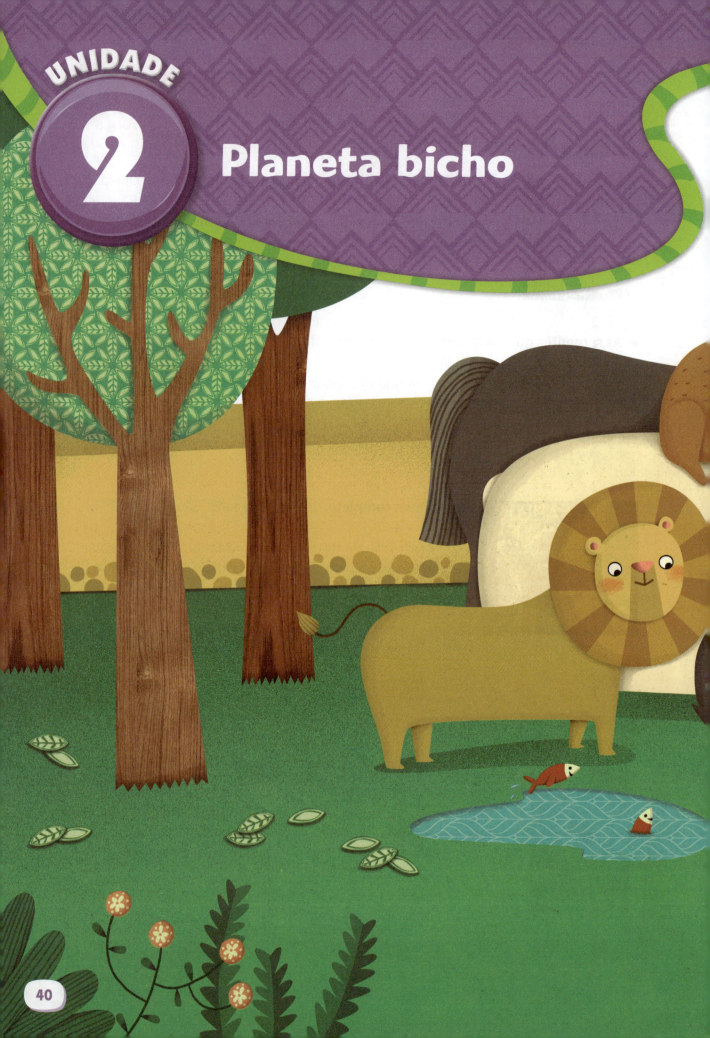

UNIDADE 2

Planeta bicho

40

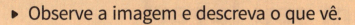

- Observe a imagem e descreva o que vê.
- Você acha que uma cena como essa poderia acontecer de verdade? Por quê?
- Você sabe quais desses animais são encontrados na natureza de nosso país?

Bruna Assis

Cada um em seu lugar!

Cada espécie animal tem um lugar próprio para viver. Então, escreva nos quadros o nome do **lobo-guará** e do **boto-cor-de-rosa** e trace o caminho que vai de cada animal ao ambiente onde ele vive.

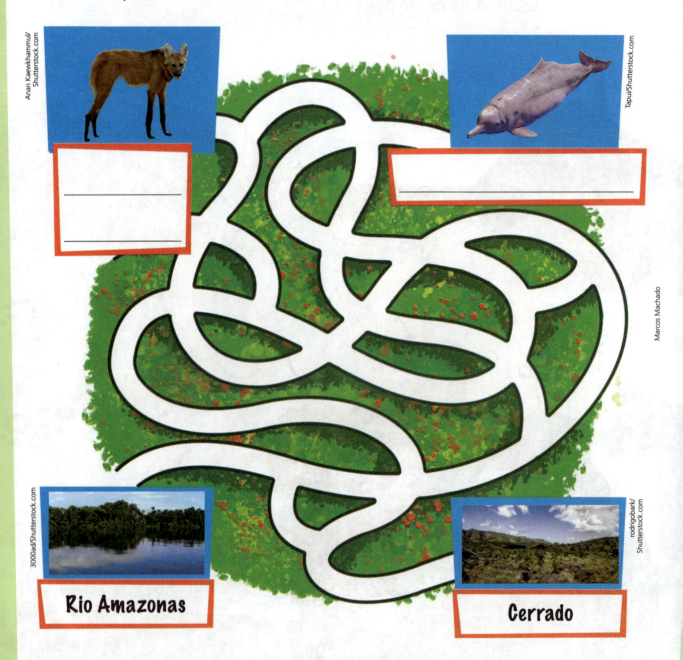

_____

_____

Rio Amazonas

Cerrado

1 Observe as fotografias do texto das páginas 43 e 44. Que animal é esse? O que você sabe sobre ele?

2 Para entender a relação entre as fotografias e o texto, que pistas você pode procurar nele antes mesmo de fazer a leitura completa?

 http://www.em.com.br/app/noticia/gerais/2016/11/26/interna_gerais,827448/tamandua-mirim-e-capturado-passeando-

26 de novembro de 2016

Tamanduá-mirim é capturado passeando pelas ruas de Uberlândia

Foi na madrugada deste sábado, no Triângulo Mineiro. Aparentemente saudável, sem ferimentos e bastante ativo, o simpático animal vai viver agora em uma reserva florestal com água e muita comida

Polícia Militar de Minas Gerais

▶ O bicho foi levado para uma reserva florestal, onde há água e fartura de alimento.

Um tamanduá-mirim foi encontrado andando tranquilamente pelas ruas do Bairro Umuarama, na região Leste de Uberlândia, no Triângulo Mineiro, na madrugada deste sábado. O animal foi capturado por policiais militares do Corpo de Bombeiros e devolvido à natureza.

O tamanduá-mirim foi levado para a sede da Polícia Ambiental, onde esperou o dia amanhecer para ser solto. Aparentemente, ele estava saudável, sem ferimentos e bastânte ativo, segundo a Polícia Militar, que o devolveu ao ambiente natural.

O simpático animal vai viver em uma reserva florestal de cerrado, onde há alimento, abrigo e água em abundância. Isso, segundo a Polícia Militar do Meio Ambiente, para que ele não volte a migrar para os centros urbanos.

"Infelizmente, a migração de nossa fauna silvestre para centros urbanos é uma triste realidade [...]", explica o sargento Eduardo Venâncio.

Segundo o militar, os animais que chegam aos centros urbanos podem ser considerados vitoriosos, pois muitos acabam morrendo nesta caminhada pela vida, segundo ele.

"Outro fator que leva à morte do tamanduá-mirim é a crença de que o animal ataca. Vale sempre ressaltar que animal silvestre não ataca, mas se acuado pode atacar por instinto para se defender. [...]", disse o sargento.

▶ Tamanduá-mirim na natureza.

Pedro Ferreira. Tamanduá-mirim é capturado passeando pelas ruas de Uberlândia. *Estado de Minas*, 26 nov. 2016. Disponível em: <www.em.com.br/app/noticia/gerais/2016/11/26/interna_gerais,827448/tamandua-mirim-e-capturado-passeando-pelas-ruas-de-uberlandia.shtml>. Acesso em: 1º jun. 2019.

Glossário

Acuado: encurralado, cercado.
Centro urbano: cidade.
Cerrado: vegetação de árvores baixas e retorcidas.
Fauna: conjunto das espécies animais de uma região.
MG: sigla de Minas Gerais.
Migrar: passar de uma região para outra ou de um país para outro.
Reserva florestal: floresta administrada e protegida pelo governo.

1 Responda oralmente com os colegas.

a) Qual é o assunto do texto, ou seja, **o que** aconteceu?

b) **Quem** participou do acontecimento?

c) **Onde** esse fato aconteceu?

d) **Quando** o fato aconteceu?

e) O texto foi publicado quanto tempo depois de o animal ser capturado?

2 Releia o primeiro parágrafo.

> Um tamanduá-mirim foi encontrado andando tranquilamente pelas ruas do bairro Umuarama, na região Leste de Uberlândia, no Triângulo Mineiro, na madrugada deste sábado. O animal foi capturado por policiais militares do Corpo de Bombeiros e devolvido à natureza.

a) Os trechos destacados em **cor-de-rosa** indicam:

☐ o que aconteceu.

☐ onde o fato aconteceu.

b) O trecho em **verde** informa:

☐ onde o fato aconteceu.

☐ quando ele ocorreu.

c) E o trecho em **laranja** indica:

☐ quando o fato ocorreu.

☐ como aconteceu.

d) Agora sublinhe as palavras e expressões que indicam quem participou do acontecimento.

3 Leia as informações em letras menores localizadas após o texto e marque a alternativa correta. Esse texto foi publicado em um:

☐ livro.

☐ jornal impresso.

☐ jornal *on-line*.

4 Converse com os colegas sobre as questões a seguir.

a) Que pessoas poderiam se interessar em ler o que aconteceu com o tamanduá-mirim?

b) Por que esse fato foi relatado em um meio de comunicação e outros acontecimentos do dia a dia não são?

> O texto que você leu é uma **notícia**.
>
> As notícias relatam acontecimentos recentes – isto é, que ocorreram há pouco tempo – e que interessam a muitas pessoas.
>
> Nelas, informa-se o que aconteceu, com quem, onde e quando. Também se costuma dizer por que o fato aconteceu.

5 Por que o tamanduá saiu da mata e foi para a cidade?

_____

_____

_____

6 Releia o título da notícia e converse com os colegas.

a) Pelo título, o leitor pode imaginar o assunto da notícia? Explique.

b) O título está escrito em letras maiores que as do resto da notícia. Por quê?

Fábio Colombini

▸ Os tamanduás-mirins vivem principalmente em florestas e passam grande parte do dia nos galhos de árvores.

7 Volte à notícia e sublinhe o trecho abaixo do título.

a) Esse trecho é o **subtítulo**. Que informações ele apresenta?

b) Onde há mais detalhes sobre o fato: no subtítulo ou no título?

> O **título** da notícia apresenta, de forma resumida, o assunto tratado no texto. Depois do título, pode vir um **subtítulo**, também chamado de **linha fina**, que dá mais detalhes do fato noticiado.

8 A notícia sobre o tamanduá-mirim foi publicada na versão *on-line* de um jornal. Em que outros meios de comunicação podemos encontrar notícias?

_____

_____

9 Releia o trecho a seguir.

O simpático animal vai viver em uma reserva florestal de cerrado, onde há alimento, abrigo e água em abundância. Isso, segundo a Polícia Militar do Meio Ambiente, para que **ele** não volte a migrar para os centros urbanos.

a) Quem é o "simpático animal"?

_____

b) A quem se refere a palavra "ele"?

_____

c) No lugar onde o animal vai viver, há muito ou pouco alimento, abrigo e água?

_____

d) Circule no trecho acima a expressão que mostra isso.

e) Por que o tamanduá-mirim poderia voltar à cidade?

Estudo da escrita

Tipos de sílaba

1 Leia a quadrinha com os colegas e o professor.

Se a distância nos separa
estamos sempre em união
longe estamos dos olhos
mas perto do coração.

Domínio público.

Evandro Marenda

a) Releia o terceiro e o quarto versos. O que quer dizer a expressão "longe dos olhos mas perto do coração"?

b) Releia os versos prestando atenção nos sons. Que sons se repetem?

c) Sublinhe as palavras em que aparece a letra **s**.

d) O **s** representa o mesmo som em todas as palavras?

2 Releia este verso e faça traços verticais para separar as sílabas de cada palavra.

longe estamos dos olhos

a) Qual palavra desse verso tem apenas uma sílaba? _____

b) Qual palavra do verso tem mais sílabas? _____

c) Pinte de:

◆ **verde** a sílaba formada por apenas uma vogal;

◆ **rosa** as sílabas formadas por consoante-vogal-consoante;

◆ **roxo** as sílabas formadas por consoante-vogal.

3 Leia em voz alta o nome de uma brincadeira: **cabra-cega**.

a) Escreva cada sílaba em um quadrinho.

		–		

b) Pinte de **azul** a sílaba formada por consoante-consoante-vogal.

c) Pinte de **verde** as sílabas formadas por consoante-vogal.

d) Troque a sílaba **ca** pela sílaba **co** e escreva outra palavra.

cabra ➡ _____

Classificação das palavras quanto ao número de sílabas

1 Leia estes quadrinhos, dos personagens Charlie Brown e Patty.

PUXA, QUE DESÂNIMO...

QUE DROGA DE VIDA!

OLÁ, BONITÃO!

AH! QUE DIA MAIS LINDO!

Peanuts, Charles Schulz © 1951 Peanuts Worldwide LLC./Dist. by Andrews McMeel Syndication

Charles Schulz.

a) Nos dois primeiros quadrinhos, como Charlie Brown parece estar se sentindo?

⬜ Contente, alegre.   ⬜ Desanimado, triste.

b) No último quadrinho, o ânimo dele mudou? Por quê? Como é possível perceber isso?

_____

_____

_____

_____

2 Separe as sílabas destas palavras da tirinha conforme o exemplo e escreva o número de sílabas de cada uma.

Palavra	Separação de sílabas	Número de sílabas
vida	vi-da	2
dia		
bonitão		
desânimo		

3 Leia as palavras abaixo com os colegas e o professor.

que   de   mais

◆ Quantas sílabas essas palavras têm?

_____

4 Pense em palavras que tenham o número de sílabas indicado e escreva-as colocando cada sílaba em um quadrinho.

a) Uma sílaba:

b) Duas sílabas:

c) Três sílabas:

d) Quatro sílabas:

Conforme o número de sílabas, as palavras se classificam em:
- **monossílabas** – formadas por **uma** sílaba;
- **dissílabas** – formadas por **duas** sílabas;
- **trissílabas** – formadas por **três** sílabas;
- **polissílabas** – formadas por **quatro** sílabas ou mais.

5 Complete o quadro conforme os exemplos.

Palavra	Separação de sílabas	Número de sílabas	Classificação quanto ao número de sílabas
simpático	sim-pá-ti-co	4	polissílaba
alimento	a-li-men-to	4	
bombeiro	bom-bei-ro	3	trissílaba
menina			
comida			
bicho			
rua			

6 Observe a capa deste livro e leia o título dele.

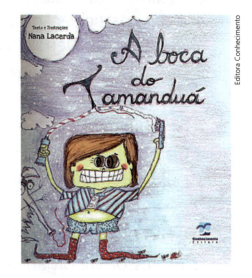

a) Que palavras do título são monossílabas?

_____

b) Elas são monossílabas porque têm:

☐ uma letra.

☐ uma sílaba.

c) Que palavra do título é dissílaba?

_____

d) Ela é dissílaba porque tem:

☐ duas letras.

☐ duas sílabas.

Telejornal da turma

Nesta seção, a turma vai pesquisar notícias sobre animais e apresentá-las em um telejornal dirigido ao público infantil: os colegas mais novos de outras turmas da escola. No intervalo, vocês apresentarão uma campanha de conscientização relacionada ao tema do telejornal: os animais. O telejornal será filmado pelo professor e veiculado no *site* ou *blog* da escola.

Preparação

1. Assista a alguns trechos de telejornais com o professor e a turma para observar os elementos que fazem parte de um telejornal: abertura, leitura das chamadas, leitura das notícias, participação de repórteres, intervalos, encerramento. Depois, converse com eles:

> **Glossário**
>
> **Chamada:** resumo de notícia apresentado na abertura de telejornal.

- ◈ De que forma os apresentadores iniciam o telejornal? Eles cumprimentam o público? No final há uma despedida?
- ◈ A linguagem deles é formal ou informal?
- ◈ Como é o tom de voz e a pronúncia dos apresentadores?
- ◈ Durante a leitura das notícias, são mostradas imagens?

Pesquisa e produção dos textos

1. O professor vai organizar a turma em grupos e combinar quais vão pesquisar notícias sobre animais e quais vão criar os textos da campanha de conscientização para serem apresentados no(s) intervalo(s) do noticiário.

2 Os grupos encarregados de procurar notícias sobre animais devem:
- ◈ fazer a pesquisa em *sites* confiáveis, escolhidos com o professor;
- ◈ buscar textos que informem o que aconteceu, com quem, quando, como, onde e por quê;
- ◈ preferir notícias curtas.

3. Cada grupo vai reescrever a notícia escolhida para que ela fique com uma linguagem adequada às crianças.

4. Os grupos encarregados da campanha de conscientização devem:

   ◆ lembrar-se do objetivo das campanhas de conscientização: esclarecer a população sobre um problema e convencer as pessoas a adotar um comportamento, aderir a uma ideia etc.;

   ◆ escolher o tema da campanha (proteção aos animais, contra o abandono de cães e gatos, adoção e/ou vacinação etc.);

   ◆ criar os textos: usar frases, imagens e recursos sonoros de impacto, que chamem a atenção do público e emocionem. Também precisam ser dadas orientações práticas sobre como participar da campanha.

5. Os textos prontos e revisados devem ser passados a limpo em folhas avulsas ou, se possível, digitados em um *notebook*, que pode ficar sobre a bancada no momento da apresentação.

Apresentação e produção do vídeo

1. Definam, com a orientação do professor, quem vai ler as notícias e os textos da campanha, quem serão os responsáveis pelo cenário, pelos efeitos sonoros e pela iluminação.

2. Ensaiem e cronometrem a apresentação. Façam ajustes no tempo de leitura das notícias para o telejornal não ficar muito longo.

3. No dia combinado com o professor, ele fará a gravação, e o vídeo será publicado no *site* ou *blog* da escola.

Carolina Sartório

Verbete de enciclopédia

1 Você já foi ao zoológico? Se foi, conte aos colegas se você gostou ou não e por quê.

2 Para a maioria das pessoas, zoológico é lugar de passeio. Mas você já pensou que os zoológicos podem ter outras funções? Converse sobre isso com os colegas e o professor, depois leia o texto.

http://escola.britannica.com.br/article/482923/zoologico

Zoológico

Introdução

O jardim zoológico, ou zoo, é o lugar em que animais são mantidos e exibidos para visitantes. Os zoológicos possibilitam que as pessoas vejam de perto animais selvagens que só poderiam ser observados na natureza, ou que não são nativos do lugar onde elas moram.

Como os zoológicos exibem os animais

Na maioria dos zoológicos, os animais são mantidos em abrigos. Às vezes, esses abrigos são ligados a um local aberto, cercado por grades. Animais que convivem pacificamente na natureza podem ser acomodados juntos. Jaulas, grades e outras barreiras evitam que os animais escapem. As barreiras também mantêm os visitantes afastados dos animais.

Pavel L Photo and Video/Shutterstock.com

▶ Zebra e girafas no zoológico de Moscou, na Rússia.

Em geral, os zoológicos tentam manter os animais em ambientes parecidos com os naturais. Plantas, árvores, rochas e outros elementos presentes na natureza são colocados nesses espaços. [...] Dentro das instalações do zoológico, a temperatura e a luminosidade são ajustadas ao gosto dos animais. Por exemplo, animais de hábitos noturnos são mantidos em ambientes escuros durante o dia e iluminados à noite. [...]

Para que servem os zoológicos

Os zoológicos têm uma série de finalidades. Eles tentam mostrar aos visitantes os hábitos e o comportamento dos animais; ajudam a proteger espécies ameaçadas, isto é, que estão em risco de extinção na natureza; e ajudam na reprodução desses animais. Alguns ainda fazem a reintegração dos animais à natureza.

▶ Funcionária do Nehru Zoological Park, na Índia, cuida de tartarugas-estreladas--indianas que foram resgatadas de comerciantes ilegais. Uma das funções dos zoológicos é contribuir para a proteção dos animais.

História

Zoológicos existem há muito tempo. Os governantes de civilizações antigas, como as da China, do Egito, da Grécia e de Roma, mantinham coleções de animais. [...]

[...]

O zoológico da cidade do Rio de Janeiro é o mais antigo do Brasil. Inaugurado em 1888, localizava-se originalmente no bairro de Vila Isabel. [...]

O maior zoológico do país fica no estado de São Paulo e foi inaugurado em 1958. [...]

Enciclopédia Escolar Britannica, 2017. Disponível em: <http://escola.britannica.com.br/article/482923/zoologico>. Acesso em: 1º jun. 2019.

Glossário

Nativo: natural de um lugar ou de um país.
Reintegração: devolução ao lugar de origem.
Zoo: forma reduzida de **zoológico**.

1 Conte aos colegas e ao professor.

a) Que informações dadas no texto você não conhecia?

b) O que você achou mais interessante? Por quê?

2 Qual é o objetivo desse texto?

☐ Dar informações sobre os zoológicos.

☐ Contar uma história sobre zoológicos.

3 Responda de acordo com o texto.

a) Qual é o zoológico mais antigo do Brasil?

_____

b) E qual é o maior zoológico do país?

_____

4 Animais de hábitos noturnos são animais que:

☐ dormem durante a noite.

☐ caçam e buscam alimento à noite.

Camila de Godoy

5 Que alternativa **não** está de acordo com o texto? Os zoológicos:

☐ mostram aos visitantes como os animais vivem e se comportam.

☐ podem proteger alguns animais que correm perigo de deixar de existir na natureza.

☐ não exibem animais em risco de extinção.

6 O texto "Zoológico" foi publicado em uma enciclopédia *on-line* (disponível na internet). Converse com os colegas sobre as questões a seguir.

a) O que é uma enciclopédia?

b) Você já consultou alguma enciclopédia? Se sim, qual foi e para que você a consultou?

c) Para que as pessoas consultam enciclopédias?

7 Nas enciclopédias, as informações são dadas nos **verbetes**. Que outro tipo de publicação também é formado por verbetes?

_____

8 A palavra em destaque no começo de um verbete é chamada de **entrada**.

a) Circule a entrada do verbete lido.

b) Observe que o verbete se divide em partes e sublinhe o título de cada parte.

c) Se o verbete desse informações sobre o trabalho dos funcionários do zoo, essas informações poderiam ficar em uma dessas partes?

> Nos verbetes de enciclopédia, a **entrada** (ou título) é o nome daquilo que será explicado no texto.
>
> O texto do verbete pode ser dividido em partes, e cada parte apresenta um tipo de informação sobre o assunto.

9 Observe as imagens que aparecem no verbete.

a) A primeira fotografia tem ligação com qual parte do verbete?

_____

b) E a segunda?

_____

Marcos Machado

Os **verbetes enciclopédicos** apresentam informações sobre um assunto. Eles podem ter fotografias, que exemplificam e completam as informações dadas no texto.

10 Dê sua opinião: Os zoológicos podem aproximar as crianças da natureza e mostrar por que precisamos respeitar os animais? Por quê?

11 Releia este trecho do verbete.

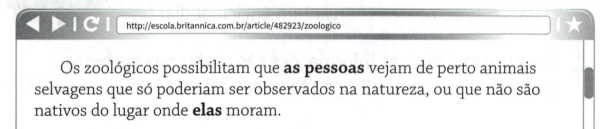

http://escola.britannica.com.br/article/482923/zoologico

Os zoológicos possibilitam que **as pessoas** vejam de perto animais selvagens que só poderiam ser observados na natureza, ou que não são nativos do lugar onde **elas** moram.

❖ A quem se refere a palavra "elas"?

_____

12 Releia este outro trecho.

http://escola.britannica.com.br/article/482923/zoologico

Os zoológicos têm uma série de finalidades. **Eles** tentam mostrar aos visitantes os hábitos [...] dos animais; ajudam a proteger espécies ameaçadas, isto é, que estão em risco de extinção na natureza; e ajudam na reprodução **desses animais**.

Pavel L Photo and Video/Shutterstock.com

a) A quem se refere a palavra "eles"?

_____

b) A expressão "desses animais" refere-se:

☐ aos animais que estão na floresta.

☐ aos animais que correm risco de extinção.

Estudo da escrita

Palavras com s e com ss

1 Forme palavras juntando a sílaba **sa** a outras sílabas do quadro.
Observação: a sílaba **sa** pode ficar em qualquer posição na palavra.

> **sa** co la po me ro

_____

_____

a) Leia as palavras que você formou e pinte a letra **s** onde ela aparecer.

b) Em quais das palavras formadas a letra **s** representa o mesmo

som que a letra **z** em **zoológico**? _____

2 Sublinhe as palavras em que a letra **s** tem o mesmo som da letra **z**
em **zoológico**.

> casa   sítio   vaso   pássaro   mesinha
>
> roseira   casulo   sapo   tesouro   massa

a) Pinte a letra que aparece antes e a que aparece depois da letra **s**
em cada palavra que você sublinhou.

b) As letras que você pintou são:

☐ vogais.   ☐ consoantes.

c) Converse com os colegas e o professor sobre o som da letra **s**
nessas palavras e escreva a conclusão a que chegarem.

_____

_____

3 Leia o nome das imagens e circule as letras **ss**.

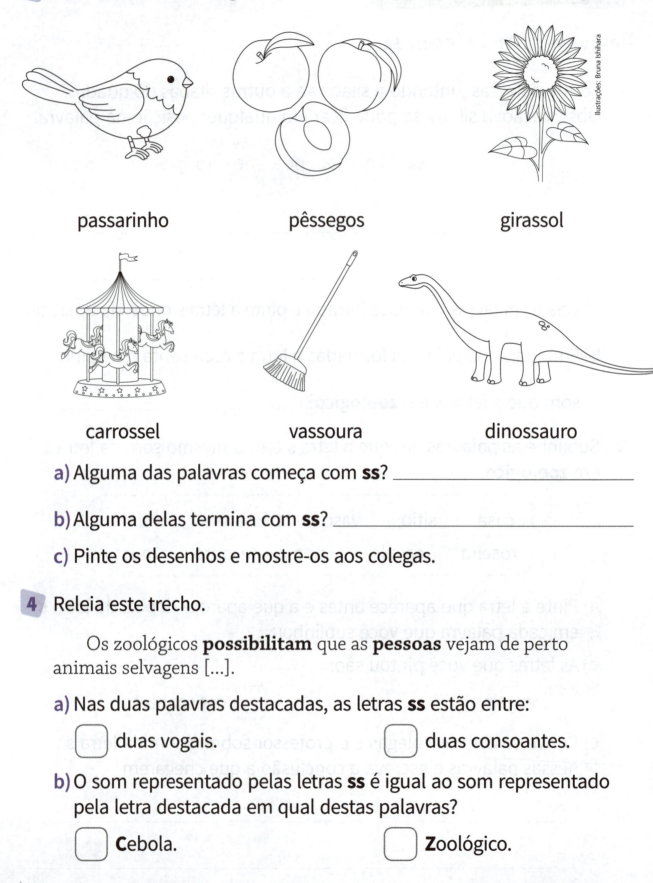

Ilustrações: Bruna Ishihara

passarinho   pêssegos   girassol

carrossel   vassoura   dinossauro

a) Alguma das palavras começa com **ss**? _____

b) Alguma delas termina com **ss**? _____

c) Pinte os desenhos e mostre-os aos colegas.

4 Releia este trecho.

Os zoológicos **possibilitam** que as **pessoas** vejam de perto
animais selvagens [...].

a) Nas duas palavras destacadas, as letras **ss** estão entre:

☐ duas vogais.   ☐ duas consoantes.

b) O som representado pelas letras **ss** é igual ao som representado
pela letra destacada em qual destas palavras?

☐ **C**ebola.   ☐ **Z**oológico.

5 Descubra no diagrama oito palavras escritas com **ss** e copie-as.

P	Ê	S	S	E	G	O	Ç	G	M	Ç	C
A	I	R	A	S	O	S	U	R	S	T	L
S	G	N	S	P	A	S	S	E	I	O	A
S	O	T	G	O	Ã	O	L	I	S	S	S
A	T	G	I	R	A	Ç	U	L	T	S	S
R	G	I	R	A	S	S	O	L	I	E	E
M	O	R	P	E	S	S	O	A	H	O	Z

_____

_____

6 Leia as palavras que copiou prestando atenção no som e na posição das letras **ss**. Depois complete a explicação.

❖ As letras **ss** são usadas sempre entre duas _____ e representam o som do **s** na palavra **sopa**.

7 Complete as palavras com **s** ou **ss**. Se tiver dúvidas, consulte o dicionário.

a) _____alada

c) ca_____amento

e) ônibu_____

b) profe_____or

d) a_____obio

f) lou_____a

8 Organize no quadro as palavras da atividade anterior.

S com o som do **z** em **zoológico**	
S com o som do **s** em **sopa**	
Palavras com **ss**	

Sílaba tônica

1 Leia em voz alta as palavras a seguir e tente perceber qual sílaba você pronuncia com mais intensidade em cada uma.

> jardim   cidade   zoológico

◆ Circule a sílaba pronunciada com mais intensidade em cada palavra.

> Em cada palavra, há sempre uma sílaba que é pronunciada com mais intensidade do que as outras. Essa sílaba é chamada de **sílaba tônica**.

2 Pinte a sílaba tônica destas palavras.

> capim   escola   informática   café   galo   médica

3 Escreva nas colunas as sílabas das palavras e circule a sílaba tônica.

	Antepenúltima sílaba	Penúltima sílaba	Última sílaba
animal			
amigo			
música			

◆ Complete a conclusão:

Em língua portuguesa, a sílaba tônica pode ser a _____,

a _____ ou a _____ sílaba da palavra.

4 Separe as sílabas das palavras e sublinhe a sílaba tônica de cada uma, conforme o exemplo.

◆ casa: ca-sa

b) lâmpada: _____

a) zebra: _____

c) florestal: _____

5 As palavras são classificadas conforme a posição da sílaba tônica. Veja:

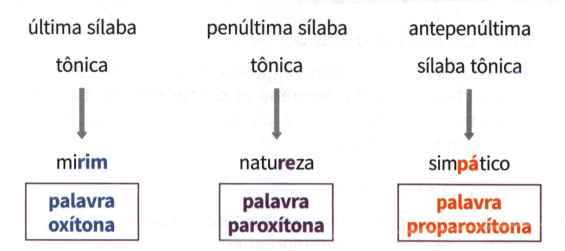

última sílaba tônica	penúltima sílaba tônica	antepenúltima sílaba tônica
mi**rim**	natu**re**za	sim**pá**tico
palavra oxítona	**palavra paroxítona**	**palavra proparoxítona**

Agora complete as frases.

a) Se a sílaba tônica é a **última**, a palavra é _____.

b) Se a sílaba tônica é a **penúltima**, a palavra é _____.

c) Se a sílaba tônica é a **antepenúltima**, a palavra é _____

_____.

6 Sublinhe a sílaba tônica de cada palavra. Depois escreva as palavras nas colunas certas.

akov Filimonov/Shutterstock.com

camelo	balé	mágico
crocodilo	sábado	caracol

Oxítona	Paroxítona	Proparoxítona

Verbete de enciclopédia

Forme dupla com um colega e, juntos, criem um verbete sobre um animal para fazer parte da **Pequena enciclopédia dos bichos da turma do terceiro ano**, que será doada à biblioteca da escola ou a uma turma do segundo ano.

Pesquisa e elaboração

1. Escolham um animal e façam uma pesquisa sobre ele. Copiem ou imprimam os dados mais importantes.

   Sugestões de informações que vocês podem pesquisar:

   ◆ locais do mundo em que o animal é encontrado;

   ◆ se é um animal da terra, da água ou do ar;

   ◆ do que ele se alimenta;

   ◆ características físicas, reprodução e tempo de vida;

   ◆ comportamento;

   ◆ se está em risco de extinção ou não.

2. Anotem a fonte de cada informação: nome do livro, da revista ou do *site*; nome do autor do texto; título do texto e data da publicação. Para os livros, copiem também o nome da editora.

3. Procurem fotografias e ilustrações do animal e do lugar onde vive, mapas etc. Recortem ou imprimam as imagens e reservem-nas.

4. Em uma folha, façam um rascunho do verbete.

   ◆ Ele começará com a **entrada**, que é o nome do animal.

   ◆ Na sequência, pode vir a **introdução**, com informações gerais sobre o animal: se é da terra, da água ou do ar; se vive na natureza ou é domesticado etc.

   ◆ Agrupem as outras informações em itens. Por exemplo: tamanho, cor e peso do animal podem estar no item "Características físicas" e as informações sobre o que ele come, no item "Alimentação".

   ◆ Criem legendas para as imagens.

Revisão

Mostrem o rascunho do verbete, as imagens e as legendas aos colegas de outra dupla. Eles vão verificar se:

- o texto começa com a entrada;
- as informações estão organizadas em itens;
- as imagens têm legenda;
- as palavras estão grafadas corretamente e o texto está pontuado.

Refaçam o que for preciso. Após a leitura do professor, passem o texto a limpo e colem as imagens.

Se for possível, usem um programa de edição de textos para corrigir e finalizar o texto.

Montagem da enciclopédia

Ajudem o professor a montar a enciclopédia. Vocês devem:

- juntar os verbetes em ordem alfabética;
- numerar as páginas;
- colocar, antes do primeiro verbete, um sumário com o número da página de cada verbete;
- fazer a capa com o nome da enciclopédia – **Pequena enciclopédia dos bichos da turma do terceiro ano** –, o nome do professor e uma imagem bem atraente.

Doem a enciclopédia à biblioteca da escola ou a uma turma do segundo ano.

Aí vem história

Leia na página 275 um poema que fala da relação dos seres humanos com os outros animais. Será que essa relação é sempre harmoniosa?

1 Leia uma estrofe da cantiga *A barata diz que tem*.

A barata diz que tem
sete saias de balão.
É mentira, ela não tem
nem dinheiro pro sabão.

Domínio público.

a) Existem diferentes versões dessa cantiga. Você conhece alguma? Se conhece, como ela é?

b) Cante a cantiga com os colegas.

c) Separe as sílabas da palavra "ela" e circule a sílaba formada apenas por uma vogal.

_____

d) Quantas sílabas essa palavra tem?

_____

e) As palavras com esse número de sílabas são chamadas de monossílabas, dissílabas, trissílabas ou polissílabas?

_____

f) Circule nos versos duas palavras formadas por uma sílaba.

g) As palavras formadas só por uma sílaba são monossílabas, dissílabas, trissílabas ou polissílabas?

_____

h) Separe as sílabas da palavra "mentira" e pinte a sílaba formada por consoante-vogal-consoante.

2 Observe no quadro a separação de sílabas de algumas palavras da notícia da página 43.

a) Anote ao lado o número de sílabas de cada palavra e classifique-a em monossílaba, dissílaba, trissílaba ou polissílaba.

Separação de sílabas	Classificação quanto ao número de sílabas
tran-qui-la-men-te	
ru-as	
re-gi-ão	

b) Que palavra do quadro tem uma sílaba formada por consoante--consoante-vogal-consoante?

_____

c) Entre as sílabas do quadro, há alguma sem vogal? _____

3 Desembaralhe as sílabas e forme palavras.

Wilson Jorge Filho

Camila Hortencio

sa ra po: _____   pa to sa: _____

a) Pinte a palavra em que a letra **s** representa o som do **z** de **zoológico**.

b) Nessa palavra, a letra **s** está entre duas _____ (vogais/consoantes).

c) Circule a palavra em que o **s** tem o som do **c** de **cebola**.

d) Qual é a posição da letra **s** nessa palavra?

_____

4 Leia as palavras abaixo prestando atenção no som das letras **ss**.

travessão   travesseiro   passarinho   profissão   assinatura

a) O som das letras **ss** é igual ao som da letra:

☐ **s** em **sopa**.   ☐ **z** em **zoológico**.

b) As letras **ss** estão entre duas _____ (vogais/consoantes).

5 Leia as palavras em voz alta e passe um traço embaixo da sílaba pronunciada com mais intensidade (sílaba tônica).

ja-ca-ré   ma-ca-co   ma-te-má-ti-ca

❖ Escreva essas palavras no quadro de acordo com a posição da sílaba tônica.

Palavra oxítona (a sílaba tônica é a última)	Palavra paroxítona (a sílaba tônica é a penúltima)	Palavra proparoxítona (a sílaba tônica é a antepenúltima)

6 Escreva o nome de seis frutas e circule nos nomes a sílaba tônica.

_____

_____

❖ Copie os nomes no quadro da atividade 5, colocando-os nas colunas certas de acordo com a posição da sílaba tônica.

Para ir mais longe

Livro

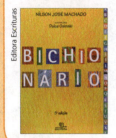

Editora Escrituras

▶ **Bichionário**, de Nílson José Machado. São Paulo: Escrituras, 2010.

Esse abecedário apresenta os mais variados bichos em pequenos poemas ilustrados, como a estranha íbis, a sinuosa naja e o pontiagudo porco-espinho.

Site

Recreio - Zoo. Disponível em: <http://recreio.uol.com.br/canal/zoo/>. Acesso em: 1º jun. 2019.

▶ **Recreio – Zoo**. Disponível em: <http://recreio.uol.com.br/canal/zoo/>. Acesso em: 1º jun. 2019.

Nessa seção do *site* da revista *Recreio*, você encontrará curiosidades sobre diversas espécies de animais.

Filme

Walt Disney Animation Studios

▶ **Zootopia – Essa cidade é o bicho**. Direção de Byron Howard e Rich Moore. Estados Unidos: Walt Disney Animation, 2016, 108 min.

Filha de agricultores, a coelha Judy quer se mudar para a cidade de Zootopia, onde todas as espécies de animais convivem em harmonia, e se tornar a primeira coelha policial. Lá ela enfrentará o preconceito e descobrirá uma conspiração que afeta toda a cidade.

Visitação

Luciana Whitaker/Pulsar Imagens

▶ **Mangal das Garças**. Rua Carneiro da Rocha, s.n. – Cidade Velha, Belém, Pará.

O Viveiro de Aningas (viveiro de aves), o Farol de Belém, o Borboletário, o Mirante do Rio e a Fonte de Caruanas são alguns dos espaços desse parque ecológico localizado no centro histórico de Belém, às margens do Rio Guamá.

Criança tem direitos!

Bruna Assis

▸ Observe as imagens e descreva as quatro situações mostradas.

▸ Onde você acha que essas crianças vivem?

▸ Você sabia que as crianças do mundo todo têm direitos? Quais deles estão representados nas imagens?

Pedra, papel e tesoura e adoleta

Um direito das crianças é brincar! Com a orientação do professor, brinque de **pedra, papel e tesoura**, uma brincadeira que veio do Japão, e de **adoleta**, de origem francesa.

Pedra, papel e tesoura (em dupla) – De frente um para o outro, os jogadores escondem uma das mãos e formam a posição de pedra, tesoura ou papel, como mostram as imagens a seguir. Então dizem "Joquempô!" e mostram a mão que estava escondida. A pedra quebra a tesoura, a tesoura corta o papel e o papel embrulha a pedra. Ganha quem escolher o objeto que elimina o outro.

▶ pedra   ▶ tesoura   ▶ papel

Ilustrações: Camila Hortencio

Adoleta (em grupo) – Em círculo, os jogadores cantam "Adoleta" ao mesmo tempo que batem as mãos: o primeiro jogador bate com a mão direita na palma da mão de quem estiver a sua esquerda, o próximo faz o mesmo gesto, e assim por diante. Quem recebe o tapa ao se cantar a última sílaba é eliminado. A brincadeira termina quando restar apenas um jogador.

1 Em cada lugar do mundo, as crianças têm suas brincadeiras e seus costumes, mas todas devem ter seus direitos garantidos. E, afinal, quais são os direitos das crianças?

Em 1959, 196 países assinaram a Declaração dos Direitos da Criança. Leia, a seguir, alguns trechos desse documento.

Declaração de direitos

Declaração dos Direitos da Criança

Direito à igualdade, sem distinção de raça, religião ou nacionalidade

Princípio I – A criança desfrutará de todos os direitos enunciados nesta Declaração. Estes direitos serão outorgados a todas as crianças, sem qualquer exceção, distinção ou discriminação por motivos de raça, cor, sexo, idioma, religião, opiniões políticas ou de outra natureza, nacionalidade ou origem social, posição econômica, nascimento ou outra condição, seja inerente à própria criança ou à sua família.

Direito à especial proteção para o seu desenvolvimento físico, mental e social

Princípio II – A criança gozará de proteção especial e disporá de oportunidades e serviços, a serem estabelecidos em lei por outros meios, de modo que possa desenvolver-se física, mental, moral, espiritual e socialmente de forma saudável e normal, assim como em condições de liberdade e dignidade. Ao promulgar leis com este fim, a consideração fundamental a que se atenderá será o interesse superior da criança.

[...]

Marília Pirillo

Direito à alimentação, moradia e assistência médica adequadas para a criança e a mãe

Princípio IV – A criança deve gozar dos benefícios da previdência social. Terá direito a crescer e desenvolver-se em boa saúde; para essa finalidade deverão ser proporcionados, tanto a ela quanto à sua mãe, cuidados especiais, incluindo-se a alimentação pré e pós-natal. A criança terá direito a desfrutar de alimentação, moradia e serviços médicos adequados.

Direito à educação e a cuidados especiais para a criança física ou mentalmente deficiente

Princípio V – A criança física ou mentalmente deficiente ou aquela que sofre de algum impedimento social deve receber o tratamento, a educação e os cuidados especiais que requeira o seu caso particular.

[...]

Direito à educação gratuita e ao lazer infantil

Princípio VII – A criança tem direito de receber educação escolar gratuita e obrigatória, ao menos nas etapas elementares. Dar-se-á à criança uma educação que favoreça sua cultura geral e lhe permita – em condições de igualdade de oportunidades – desenvolver suas aptidões e sua individualidade, seu senso de responsabilidade social e moral, chegando a ser um membro útil à sociedade. O interesse superior da criança deverá ser o interesse diretor daqueles que têm a responsabilidade por sua educação e orientação; tal responsabilidade incumbe, em primeira instância, a seus pais. A criança deve desfrutar plenamente de jogos e brincadeiras, os quais deverão estar dirigidos para a educação; a sociedade e as autoridades públicas se esforçarão para promover o exercício deste direito.

[...]

Ministério Público do Estado do Rio Grande do Sul. Disponível em: <www.leaozinho.receita.fazenda. gov.br/biblioteca/estudantes/Textos/DeclaracaoDireitosCrianca.htm>. Acesso em: 3 jun. 2019.

Glossário

Dignidade: honestidade, honra.
Discriminação: tratamento pior ou injusto dado a alguém por causa de suas características pessoais; preconceito.
Inerente: que é próprio de alguém.
Outorgado: dado, concedido.
Pré-natal e pós-natal: que acontece antes e depois do nascimento, respectivamente.
Previdência social: seguro que garante renda e outros benefícios ao trabalhador em caso de afastamento temporário do trabalho (por doença, por exemplo) e após a aposentadoria.
Promulgar: publicar uma lei.

1 Releia este trecho.

A criança gozará de proteção especial [...]

Gozar de proteção especial é o mesmo que:

Marília Pirillo

☐ ter direito a proteção especial.

☐ achar graça na proteção especial.

2 Releia estes outros trechos.

A criança terá direito a **desfrutar** de alimentação, moradia e serviços médicos adequados.

[...]

A criança deve **desfrutar** plenamente de jogos e brincadeiras [...]

◆ Pelo sentido das frases, o que quer dizer "desfrutar"?

_____

3 Circule no texto as palavras que você não conhecia. Converse com o professor ou consulte o dicionário e anote o sentido delas.

_____

_____

_____

4 A Declaração dos Direitos da Criança é organizada em dez princípios. Você leu cinco deles.

a) Circule os algarismos usados para numerar os princípios.

b) Por que os princípios são numerados?

5 Qual dos princípios garante educação e cuidados especiais às crianças com deficiência física ou mental? Circule-o.

6 Ligue cada imagem ao princípio a que se refere.

Princípio VII

Princípio IV

7 A Declaração dos Direitos da Criança foi assinada por representantes de diversos países. Ao assiná-la, cada país se comprometeu a fazer o quê? Converse com os colegas sobre isso e registre a resposta.

_____

_____

> **Declarações de direitos** são textos que descrevem os direitos de um grupo de pessoas (crianças ou idosos, por exemplo) ou de todas as pessoas, dos animais etc. As pessoas, instituições ou países que assinam uma declaração de direitos se comprometem a respeitar o que está escrito nela.

8 Releia um trecho do Princípio VII.

Dar-se-á à criança uma educação que favoreça sua cultura geral [...].

a) O que quer dizer a expressão destacada?

b) Ela é comum na linguagem espontânea do dia a dia?

c) Em um texto assinado por diversos países, é mais adequado usar uma linguagem formal ou a linguagem do dia a dia? Por quê?

As declarações de direitos costumam ser escritas em linguagem formal e são organizadas em partes numeradas.

9 Você leu uma declaração de direitos das crianças. Já ouviu falar de outros tipos de declaração? Quais?

_____

_____

10 Converse com os colegas e o professor sobre estas questões.

a) Antes da leitura do texto, você já sabia que havia um documento que garante os direitos das crianças? Se sim, como ficou sabendo?

b) Na sua opinião, todas as pessoas devem conhecer os direitos das crianças? Por quê?

c) Será que todas as crianças brasileiras têm os seus direitos respeitados? Dê a sua opinião e procure apresentar um exemplo para confirmar o que pensa.

11 Faça um desenho para representar o direito das crianças que você considera mais importante.

R e rr

1 Observe as imagens e leia o nome de cada uma delas.

régua xícara carro

a) Copie as palavras acima conforme se pede.

   ◆ Letra **r** no início da palavra: _____.

   ◆ Letra **r** entre vogais: _____.

   ◆ Letras **rr** no meio da palavra: _____.

b) A letra **r** no início da palavra tem som:

   ☐ forte.   ☐ suave, fraco.

c) A letra **r** entre vogais tem som:

   ☐ forte.   ☐ suave, fraco.

d) As letras **rr** têm som:

   ☐ forte.   ☐ suave, fraco.

2 Leia as palavras e copie-as no quadro da página seguinte de acordo com a indicação.

parede	rosa	carroça	rua	caramujo	marrom
relógio	coruja	Renato	ferro	Maria	marreco

R no início da palavra	R entre vogais	RR

3 Copie a frase trocando as imagens pelo nome delas e forme um trava-língua. Depois fale o trava-língua com os colegas.

A _____ arranha a _____ , a _____ arranha a _____ .

Domínio público.

Ilustrações: Wilson Jorge Filho

_____

_____

a) O desafio dos trava-línguas é falar bem rápido frases com vários sons parecidos ou iguais e difíceis de pronunciar. No trava-língua acima, que sons se repetem? Quais letras representam esses sons?

_____

_____

b) Observe a posição das letras **r** e **rr** em **aranha** e **jarra**.

◆ Pinte a letra que vem antes e a que vem depois do **r** em **aranha**.

◆ Circule a letra que vem antes e a que vem depois do **rr** em **jarra**.

4 Agora complete a frase: Entre vogais, para representar o som do **r**

forte, é preciso escrever _____ (r/rr).

1 Observe a forma do texto a seguir. Pela organização das linhas na página, o que você espera ler?

2 Agora leia o título do texto e observe a ilustração. Qual será o assunto tratado? Diga aos colegas o que acha, depois leia o texto em silêncio.

Mais respeito, eu sou criança!

Prestem atenção no que eu digo,
pois eu não falo por mal:
os adultos que me perdoem,
mas ser criança é legal!

Vocês já esqueceram, eu sei.

Por isso eu vou lhes lembrar:
pra que ver por cima do muro,
se é mais gostoso escalar?
Pra que perder tempo engordando,
se é mais gostoso brincar?
Pra que fazer cara tão séria,
se é mais gostoso sonhar?

Se vocês olham pra gente,
é chão que veem por trás.
Pra nós, atrás de vocês,
há o céu, há muito, muito mais!

Quando julgarem o que eu faço,
olhem seus próprios narizes:
lá no seu tempo de infância,
será que não foram felizes?

Mas se tudo o que fizeram
já fugiu de sua lembrança,
fiquem sabendo o que eu quero:
mais respeito, eu sou criança!

Pedro Bandeira. *Mais respeito, eu sou criança!*
Ilustrações: Odilon Moraes. 3. ed. São Paulo:
Moderna, 2009. p. 9. (Série Risos e Rimas).

Marília Pirillo

Quem escreveu?

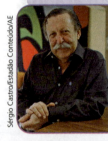

Sérgio Castro/Estadão Conteúdo/AE

Pedro Bandeira nasceu em 1942, em Santos, no estado de São Paulo. Além de escrever poemas e histórias para crianças e jovens, foi ator, jornalista, publicitário e trabalhou na TV. Os seus livros receberam vários prêmios.

1 Marque com **X** as características do texto lido.

⬜ É organizado em parágrafos. ⬜ Tem rimas.

⬜ É organizado em versos. ⬜ Tem falas de personagens.

2 Consulte as informações em letras menores no final do texto e o quadro **Quem escreveu?**.

a) Quem é o autor do texto?

_____

b) Onde o texto foi publicado?

_____

3 Pela forma do texto, ele é:

⬜ uma letra de canção. ⬜ um poema.

4 Nesta unidade, você leu trechos da Declaração dos Direitos da Criança.

a) Qual é a relação entre essa declaração e o poema quanto ao assunto?

_____

_____

_____

b) Qual princípio da declaração você acha que combina com o poema? Por quê?

c) A Declaração dos Direitos da Criança foi escrita para que os governantes dos países se comprometessem a garantir os direitos das crianças. E o poema, para que você acha que foi escrito?

5 Releia esta estrofe.

Se **vocês** olham pra gente,
é chão que veem por trás.
Pra **nós**, atrás de **vocês**,
há o céu, há muito, muito mais!

Marília Pirillo

a) A quem se referem as palavras destacadas?

b) Pelos dois primeiros versos, podemos entender que:

☐ os adultos, geralmente mais altos do que as crianças, olham para elas de cima para baixo e veem o chão.

☐ os adultos sempre olham para trás e para o chão, pois as crianças correm e brincam por todo lugar.

c) Por que as crianças veem o céu atrás dos adultos?

d) Ao olhar para um adulto, as crianças veem o céu e "muito, muito mais". O que você acha que elas veem?

6 Releia a penúltima estrofe do poema.

a) Nessa estrofe, o que quer dizer a expressão **olhar o próprio nariz**?

_____

b) Por que os adultos devem olhar o próprio nariz?

_____

_____

c) O que a pessoa que fala no poema quer que os adultos façam?

_____

> Os **poemas** expressam sentimentos ou uma maneira pessoal de ver uma situação ou um acontecimento. A linguagem dos poemas é trabalhada para despertar no leitor o prazer de ler e provocar nele alguma emoção, fazê-lo refletir sobre um assunto etc.

Acentuação gráfica de oxítonas terminadas em **a, e, o**

1 Leia as palavras abaixo.

> baba   babá

a) O que quer dizer **baba**? E **babá**?

b) Circule a sílaba tônica de cada palavra, isto é, a sílaba pronunciada com mais força em cada uma.

c) A sílaba tônica de **baba** é a penúltima ou a última?

d) Então essa palavra é paroxítona ou oxítona?

e) E a sílaba tônica de **babá**? É a penúltima ou a última?

f) Essa palavra é paroxítona ou oxítona?

g) Na escrita, que sinal marca a diferença entre as palavras **baba** e **babá** quanto à posição da sílaba tônica?

2 Leia estas duplas de palavras e circule a sílaba tônica de cada uma.

> clube
> bebê

> povo
> vovô

a) Pinte de azul a palavra de cada dupla que é oxítona.

b) Na escrita, o que marca a sílaba tônica das palavras **bebê** e **vovô**?

> Em algumas palavras, a vogal da sílaba tônica recebe um acento gráfico, que pode ser o **acento agudo** (´) ou o **acento circunflexo** (^). Exemplos: **lelé** e **judô**.

3 Leia as palavras e circule a sílaba tônica de cada uma.

> cama   Pará   mágica   xale   picolé   cálice   macaco   médicos   tricô

4 Organize as palavras da atividade 3 no quadro conforme a posição da sílaba tônica.

Proparoxítonas	Paroxítonas	Oxítonas

a) Pinte a última letra das palavras da coluna das oxítonas.

b) O que as palavras dessa coluna têm em comum?

5 Leia em voz alta.

chuchu   abacaxi   caqui   cupuaçu   cajá   dendê   jiló

a) Sublinhe a sílaba tônica dessas palavras.

b) Elas são oxítonas, paroxítonas ou proparoxítonas?

_____

c) Copie as palavras nas colunas certas.

Oxítonas que recebem acento gráfico	Oxítonas que não recebem acento gráfico

As palavras oxítonas terminadas em **a**, **e**, **o**, seguidas de **s** ou não, recebem acento gráfico agudo ou circunflexo. Exemplos: **sofás**, **chaminé**, **robô**.

Acentuação gráfica de monossílabas terminadas em **a, e, o**

1 Releia em voz alta esta estrofe com o professor e preste atenção na força com que pronuncia as palavras destacadas.

Se vocês olham **pra** gente,
é chão que veem **por trás.**
Pra nós, atrás **de** vocês,
há o céu, **há** muito, muito **mais**!

a) As palavras destacadas têm quantas sílabas?

b) Como elas se classificam quanto ao número de sílabas?

c) Em cada dupla, compare as palavras e circule as vogais.

> pra – trás   se – é   por – nós

d) As palavras com acento gráfico são: ☐ tônicas. ☐ átonas.

e) As palavras sem acento gráfico são: ☐ tônicas. ☐ átonas.

> As palavras monossílabas podem ser pronunciadas com força ou não. As pronunciadas com força são chamadas de **tônicas**; as demais são chamadas de **átonas**.

2 Copie as frases substituindo as imagens pelos nomes.

a) Líria lavou os .

_____

b) Para não tropeçar, dê um  no cadarço.

_____

> As palavras monossílabas tônicas terminadas nas vogais **a**, **e** ou **o**, seguidas ou não de **s**, recebem acento agudo ou circunflexo. Exemplos: **lá**, **três**, **pó**.

Carolina Sartório

Bruna Ishihara

Poema

O que você gostaria de dizer aos adultos em um poema?

Nesta atividade, tome como base o poema "Mais respeito, eu sou criança" e expresse o que é ser criança e o que você sente em relação aos adultos.

Você tem liberdade para soltar a imaginação e mostrar sua maneira de ver as coisas. No final, sua produção será lida para a turma e exposta em um varal de poemas.

Aquecimento

Como aquecimento para a escrita do poema, converse com os colegas e o professor sobre as questões a seguir e outras que surgirem.

- ◆ O que as crianças esperam dos adultos?
- ◆ E os adultos, o que parecem esperar das crianças?
- ◆ Como costuma ser a comunicação entre crianças e adultos?
- ◆ Como você se sente em relação aos adultos?

Planejamento e produção

Faça um rascunho do poema em uma folha avulsa ou no caderno.

1. O poema deve ter pelo menos duas estrofes; as estrofes podem ter o mesmo número de versos ou não.

2. Faça rimas no final de alguns versos e, se quiser, brinque com o som e o sentido das palavras.

3. Seu poema pode ter humor ou ser mais emotivo, é você quem decide.

4. Crie um título que tenha ligação com os versos e ajude os leitores a entender o que você quis expressar.

Marília Pirillo

Você pode reescrever o poema e modificá-lo quantas vezes quiser. Se precisar, peça a opinião e a ajuda do professor.

Revisão

Quando estiver satisfeito com o texto, mostre-o a um colega. Ele vai verificar se:

- você criou versos e agrupou-os em estrofes;
- há rimas no final de alguns versos;
- as palavras estão escritas corretamente;
- o título tem relação com o conteúdo do poema.

Modifique o que achar necessário e mostre o poema ao professor.

Em seguida, passe o poema a limpo à mão ou, se for possível, no computador, usando um programa de edição de textos.

Ilustre o poema e, no final da página, escreva a data, seu nome, o ano em que estuda e o nome do professor.

Divulgação

Participe de uma sessão de leitura dos poemas.

1. Troque de texto com um colega. Leia o que ele escreveu e esclareça possíveis dúvidas sobre o sentido dos versos e até sobre a letra dele.

2. Ensaie durante alguns minutos a leitura do poema de seu colega em voz alta. Ele pode orientá-lo sobre como ler, pois é o autor do texto.

3. Quando o professor pedir, leia o poema do colega para a turma em voz alta e de forma expressiva.

4. Depois ouça a leitura dos colegas com atenção e respeito.

Marília Pirillo

Debate

Você viu que as crianças têm direitos que devem ser assegurados no país onde elas vivem e precisam valer para todas, sem discriminação.

Mas será que ter direitos significa não ter responsabilidades e deveres? Qual é sua opinião sobre isso?

Nesta atividade, você participará de um debate sobre a seguinte questão:

> As crianças têm direitos. Elas também têm deveres?

Preparação

Prepare-se para o debate ouvindo as leituras que o professor fará.

E então? A que conclusão você chegou? Crianças têm ou não responsabilidades e deveres?

1. O professor vai organizar a turma em dois grupos: os que acham que as crianças têm deveres e os que acreditam que elas não têm.

2. Cada grupo se reunirá para pensar em argumentos que mostrem a validade de sua opinião. Os argumentos podem ser:
   - explicações (por que as crianças devem ter deveres ou por que não devem, conforme o grupo);
   - benefícios de assumir responsabilidades (ou, no grupo oposto, problemas por excesso de obrigações);
   - exemplos de crianças que cumprem ou não cumprem deveres.

3. Após a conversa, cada grupo define cinco representantes para debater o assunto com o outro grupo.

Durante o debate

1. Os representantes dos dois grupos se sentarão em semicírculo diante da turma e vão mostrar e justificar seu ponto de vista, cada um em sua vez.

2. O professor vai combinar, antes do começo do debate, quanto tempo cada pessoa terá para falar.

3. Todos os representantes dos grupos devem ter a oportunidade de falar, um de cada vez.

4. O debatedor que não concordar com o que um colega do outro grupo disser espera sua vez para falar e mostra por que discorda. Ele pode iniciar essa fala dizendo, por exemplo: "Não concordo com [nome do colega] porque...".

5. Os alunos que estiverem assistindo ao debate devem permanecer atentos e em silêncio. Quem quiser dar uma opinião deve aguardar o professor encerrar o debate, pois ele dará a todos a oportunidade de fazer perguntas e opinar.

Avaliação

Com a orientação do professor, avaliem o debate.

1. Cada grupo conseguiu justificar sua opinião mantendo o respeito pelos que pensavam de forma diferente?

2. Todos os integrantes dos grupos puderam falar e respeitaram o tempo de fala combinado com o professor?

3. Quem assistiu ao debate permaneceu em silêncio e prestando atenção?

4. O debate ajudou vocês a entender melhor o assunto?

5. Alguém mudou de opinião depois do debate?

Aí vem história

Nesta unidade, você conheceu trechos da Declaração dos Direitos da Criança. Agora leia na página 276 um texto bem-humorado que contém a declaração de direitos de um moleque invocado! O que será que ele diz?

1 Escreva o nome das imagens no diagrama. Já começamos para você!

1.

2.

3.

4.

5.

6.

4

5   6

1   L   H

R

2   I   R

3   T   R

2 Copie as palavras escritas no diagrama conforme o que se pede. Atenção: você terá de copiar uma das palavras mais de uma vez.

a) Letra **r** no início da palavra: _____.

b) Letra **r** entre vogais: _____

_____.

c) Letra **r** em final de sílaba: _____.

3 Ligue as palavras ao som representado pelo **r**.

a) laranja   som forte

b) **r**epolho   som fraco

4 Adivinhe e escreva a resposta.

O que é que corre em volta do pasto inteiro sem se mexer?

Domínio público.

_____

a) Que palavra da adivinha se escreve com **rr**?

_____

b) Nessa palavra, as letras **rr** estão entre _____
(vogais/consoantes).

c) As letras **rr** representam som forte ou fraco?

_____

d) Circule na adivinha uma palavra em que o **r** está entre vogais.

5 Leia a tirinha.

Ziraldo.

a) Observe a expressão de Lúcio, o amigo do Menino Maluquinho, no último quadrinho. Como você acha que ele se sentiu com a resposta do Maluquinho?

☐ Irritado.   ☐ Alegre.   ☐ Surpreso.

b) Por que ele se sentiu assim com a resposta do amigo?

_____

_____

6 Releia estas palavras da tirinha: **já**, **dá**, **é**, **três**.

a) Elas são formadas por quantas sílabas?

_____

b) Por terem esse número de sílabas, essas palavras são chamadas de:

☐ monossílabas.   ☐ dissílabas.   ☐ trissílabas.

c) Leia as palavras **já**, **dá**, **é** e **três** em voz alta. Essas palavras são pronunciadas com força ou têm pronúncia fraca?

_____

d) Como se chama o acento gráfico colocado nas palavras **já**, **dá** e **é**? E o acento gráfico da palavra **três**?

_____

7 Leia em voz alta o nome de algumas cidades brasileiras observando a posição da sílaba tônica.

> Macapá   Tefé   Ouricuri   Chapecó   Aracaju

a) Essas palavras são:

☐ oxítonas.   ☐ paroxítonas.   ☐ proparoxítonas.

b) Copie somente os nomes que recebem acento gráfico.

_____

c) Quais dos nomes de cidade a seguir são acentuados pelo mesmo motivo que os nomes do item **b**? Circule-os.

> Araxá   Goiânia   Itambé   Mossoró

Livros

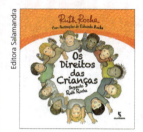

Editora Salamandra

▶ **Os direitos das crianças segundo Ruth Rocha**, de Ruth Rocha. São Paulo: Salamandra, 2014.

Todas as crianças têm direito a um nome, uma casa, comida e estudo. Mas elas também têm o direito de ouvir histórias, andar na chuva e brincar de adivinhação – afinal, a infância é o tempo em que começamos a perceber o tamanho do mundo e a descobrir quem somos. Por meio de poesia, a autora fala sobre o que não pode faltar durante a infância.

▶ **Criança poeta**, de César Obeid. São Paulo: Editora do Brasil, 2011.

Usando tipos diferentes de poema e brincando com as rimas, o autor leva os adultos de volta à infância e faz as crianças vivenciarem um pouco mais essa fase tão cheia de fantasias e brincadeiras.

Editora do Brasil

Editora Boitatá

▶ **A democracia pode ser assim**, de Equipo Plantel. São Paulo: Boitatá, 2016.

Com muitas ilustrações, esse livro explica o que é democracia dando exemplos fáceis de entender, como a hora do recreio e do jogo. Nessas atividades, todos os participantes precisam tomar decisões e seguir regras.

Site

Turminha do MPF. Disponível em: <www.turminha.mpf.mp.br>. Acesso em: 7 jun. 2017

▶ **Turminha do MPF**. Disponível em: <www.turminha. mpf.mp.br>. Acesso em: 7 jun. 2019.

Esse *site* do Ministério Público Federal é feito para crianças. Além de se divertir com jogos, atividades e histórias em quadrinhos, você entenderá para que servem as leis e conhecerá melhor a cultura brasileira.

4

Cuidar da natureza

Bruna Assis

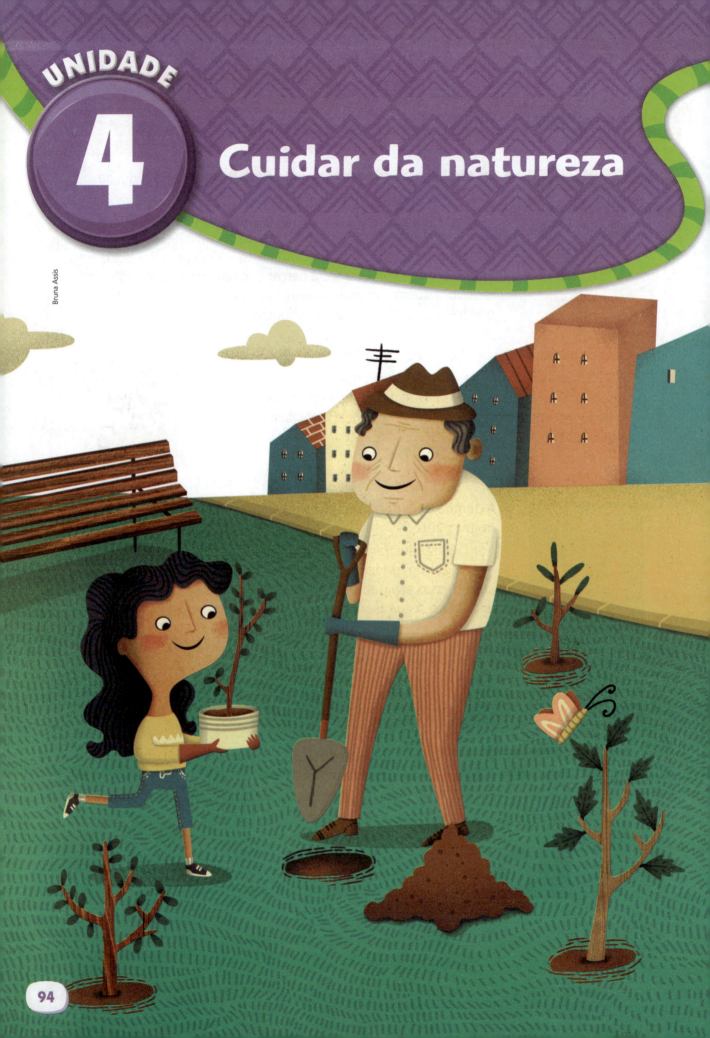

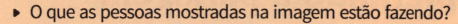

- O que as pessoas mostradas na imagem estão fazendo?
- Você já participou de alguma atividade como essa? Conte aos colegas como foi.
- Por que as árvores são importantes?

Completando a paisagem

Esta paisagem está incompleta. Qual das figuras se encaixa no espaço em branco? Marque-a com um **X**.

Camila Hortencio

1 Você já ouviu falar em **desmatamento**? O que essa palavra quer dizer?

2 Apesar de grande parte das florestas brasileiras ter sido derrubada, ainda existem muitas regiões de floresta no país. Você mora perto de alguma delas?

Leia a seguir um texto que fala sobre uma floresta.

Reportagem

◀ ▶ | C | www.pensamentoverde.com.br/meio-ambiente/estudo-identifica-regeneracao-de-mais-de-200-mil-hectares-da-mata- | ★

Estudo identifica a regeneração de mais de 200 mil hectares da Mata Atlântica

Especialistas afirmam que houve uma redução [...] no desmatamento da Mata Atlântica nos últimos 30 anos

De acordo com um relatório elaborado pela Fundação SOS Mata Atlântica e o Instituto Nacional de Pesquisas Espaciais (INPE), nove estados brasileiros apresentaram avanços importantes no processo de regeneração da Mata Atlântica.

[...]

Os especialistas afirmam que os motivos para a expressiva marca ser alcançada vão desde o plantio de mudas de árvores nativas até causas naturais.

Inclusive, Marcia Hirota, diretora-executiva da Fundação SOS Mata Atlântica, destaca que sete dos 17 estados presentes na Mata Atlântica já apresentam nível de desmatamento zero. [...]

▶ De acordo com especialistas, área regenerada equivale à cidade de São Paulo. Acima, trecho da Mata Atlântica no estado de São Paulo (fotografia de 2017).

"Agora o desafio é recuperar e restaurar as florestas nativas que perdemos. Embora o levantamento atual não assinale as causas da regeneração, ou seja, se ocorreu de forma natural ou decorre de iniciativas de restauração florestal, é um bom indicativo de que estamos no caminho certo", analisa Marcia.

Importante destacar o trabalho da ONG SOS Mata Atlântica em todo o território nacional, responsável pelo plantio de 36 milhões de mudas de árvores nativas espalhadas no país, desde sua fundação.

Pensamento Verde. Disponível em: <www.pensamentoverde.com.br/meio-ambiente/estudo-identifica-regeneracao-de-mais-de-200-mil-hectares-da-mata-atlantica>. Acesso em: 3 jun. 2019.

Glossário

Expressivo: significativo, importante.
Hectare: unidade usada para medir a superfície de terras.
Nativo: natural ou próprio de um lugar.

Estudo do texto

1 Releia o título do texto e converse com os colegas.

a) O que quer dizer a palavra **regenerar**?

b) A Mata Atlântica é uma grande floresta brasileira. Há alguma parte dessa floresta no estado onde você vive?

c) Sabendo que 1 hectare tem mais ou menos o tamanho de um campo de futebol, tente imaginar o tamanho de "mais de 200 mil hectares da Mata Atlântica".

d) A regeneração de mais de 200 mil hectares da Mata Atlântica é algo bom ou ruim?

2 Agora releia o subtítulo do texto.

a) De acordo com ele, o desmatamento da Mata Atlântica:

☐ aumentou.   ☐ diminuiu.   ☐ acabou.

b) Quando aconteceu a redução no desmatamento?

_____

c) Os especialistas dizem que o desmatamento da Mata Atlântica foi reduzido. Quem você imagina que são esses especialistas?

3 Releia.

Inclusive, Marcia Hirota, diretora-executiva da Fundação SOS Mata Atlântica, destaca que sete dos 17 estados presentes na Mata Atlântica já apresentam nível de desmatamento zero.

a) O que você entende por "desmatamento zero"?

☐ Há desmatamento.   ☐ Não há desmatamento.

b) Circule o trecho que explica quem é Marcia Hirota.

c) Por que será que o texto conta o que Marcia Hirota disse?

4 O texto lido diz que a destruição da Mata Atlântica diminuiu. Você acha importante saber o que acontece com a natureza? Por quê?

> O texto que você leu é uma reportagem. **Reportagens** são textos que dão informações detalhadas sobre fatos que interessam às pessoas.
>
> É comum o jornalista entrevistar especialistas no assunto tratado na reportagem e apresentar no texto depoimentos deles.

5 Volte à página 97 e releia a legenda da fotografia. A legenda ajuda o leitor a entender:

☐ o tamanho da Mata Atlântica.

☐ o tamanho da área da Mata Atlântica que voltou a ter árvores.

6 Para falar sobre a redução do desmatamento da Mata Atlântica, o repórter usou quais destes recursos?

☐ Texto escrito.   ☐ Imagem.   ☐ Texto oral.

> Nas reportagens, as fotografias e as legendas são importantes porque ilustram e complementam as informações do texto.

7 Faça o que se pede.

a) Na página 97, circule o nome do *site* de onde foi tirada a reportagem.

b) Além dos *sites*, onde mais podemos ler reportagens?

_____

8 A reportagem que você leu fala sobre uma ONG. Você sabe o que são ONGs? Conhece alguma delas? Conte aos colegas.

Bruna Ishihara

Adjetivo

1 Leia a tira de Marcelinho, que detesta desperdício de água.

Mauricio de Sousa.

a) Conte com suas palavras como foi o pesadelo de Marcelinho.

b) Observe a expressão do rosto de Marcelinho no primeiro e no segundo quadrinhos. Em qual deles o menino parece mais assustado?

c) O que torna essa tirinha engraçada?

2 Agora observe como o jacaré foi representado.

a) No desenho, o que mostra que ele quer atacar Marcelinho?

b) Circule as palavras que indicam características do jacaré da tirinha.

> bondoso   triste   selvagem   bravo   manso

3 Faça um **X** na palavra que indica como Marcelinho estava se sentindo no pesadelo.

> alegre   assustado   contente   tranquilo

4 As palavras **jacaré** e **Marcelinho** sãos nomes, ou seja, são

_____ (substantivos/adjetivos).

5 Agora ligue cada substantivo (nome) à palavra que indica uma característica da imagem.

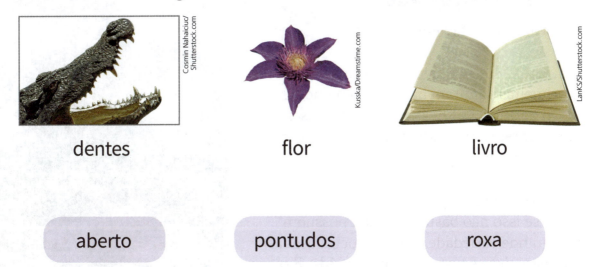

dentes   flor   livro

aberto   pontudos   roxa

6 Leia este texto.

Qual é a diferença entre jacarés e crocodilos?

É difícil identificar alguns crocodilianos. O focinho dos jacarés é mais largo e arredondado, e o dos crocodilos é mais fino e pontudo. Diferentemente dos jacarés, quando os crocodilos fecham a boca, um grande dente fica para fora.

Claire Llewellyn, Angela Wilkes e Jim Bruce. *Como? Onde? Por quê?* Barueri: Girassol, 2007. p. 57.

▶ jacaré

▶ crocodilo

a) Circule no texto a palavra que caracteriza o substantivo **dente**.

b) Pinte nas listas abaixo as palavras que indicam características do:

◆ focinho dos jacarés – largo, arredondado, fino, pontudo;

◆ focinho dos crocodilos – largo, arredondado, fino, pontudo.

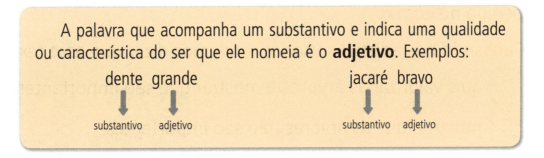

A palavra que acompanha um substantivo e indica uma qualidade ou característica do ser que ele nomeia é o **adjetivo**. Exemplos:

dente grande

substantivo adjetivo

jacaré bravo

substantivo adjetivo

7 No texto a seguir, foram tirados alguns dos adjetivos. Leia-o.

As árvores são _____!

As árvores estão entre os **seres**

_____ mais antigos da Terra: as primeiras surgiram há mais ou menos 1 bilhão de anos! [...] E, além de serem essenciais para manter o ambiente da Terra, fornecem diversos produtos para a gente.

[...]

Flores são _____.
Como se isso não bastasse, ainda possuem uma grande variedade de substâncias usadas em cosméticos e tratamentos de saúde. É o caso da flor da laranjeira, que rende **óleos**

_____, também usados como calmantes naturais.

Recreio, 2 maio 2017. Disponível em: <http://recreio.uol.com.br/noticias/natureza/as-arvores-sao-incriveis.phtml#.WUv9_2jyuM9>. Acesso em: 3 jun. 2019.

a) Sem os adjetivos, você consegue entender o que se quis dizer?

b) Os substantivos **destacados** estão no singular ou no plural?

_____

c) Complete adequadamente o texto com os adjetivos do quadro abaixo.

> cheirosos   incríveis   vivos   lindas

d) Explique aos colegas como você pensou para fazer o que foi pedido no item **c**.

e) Pensando nos adjetivos usados, podemos dizer que esse texto:

☐ quis valorizar as árvores e mostrar que são importantes.

☐ mostrou que as árvores não são importantes.

A letra **r** em final de sílaba

1 Observe as imagens e complete as palavras.

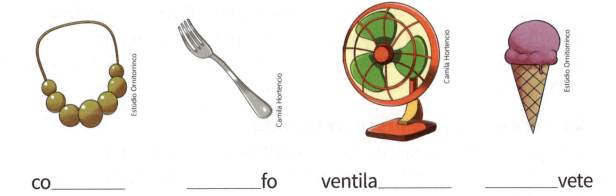

co_____   _____fo   ventila_____   _____vete

2 Pesquise em livros, revistas e jornais palavras com **r** em final de sílaba e escreva-as no quadro de acordo com as indicações.

Palavras com a letra **r** como em **colar** e **ventilador**	Palavras com a letra **r** como em **garfo** e **sorvete**

3 Forme novas palavras acrescentando a letra **r** no final da primeira ou da segunda sílaba das palavras a seguir. Atenção: em alguns casos, você poderá formar duas palavras.

a) canto: _____

b) copo: _____

c) dado: _____

d) cata: _____

e) foca: _____

f) moto: _____

1 É comum ouvir falar sobre a necessidade de conservar e proteger as florestas. E a água? Também deve ser cuidada? Por quê?

2 Na sua casa você procura economizar água? Conte aos colegas.

O texto a seguir foi tirado do cartaz de uma campanha de conscientização sobre a necessidade de economizar água feita na cidade de João Monlevade, em Minas Gerais. Leia-o.

Preservar a água é preservar a vida

A Organização Mundial da Saúde (OMS) estabelece o consumo mínimo *per capita* de cem litros diários de água – o suficiente para uma pessoa saciar a sede, ter uma higiene adequada e preparar os alimentos.

Em João Monlevade, o consumo médio diário de água por pessoa é de 150 litros de água, ou seja, cerca de 50 litros a mais que o necessário.

Vamos economizar?

Veja aqui algumas dicas:

Reduza o tempo no chuveiro. Ao invés de tomar um banho de 10 minutos, reduza para 5 e economize de 30 a 80 litros de água a cada banho.

Fechar a torneira enquanto escova os dentes e enxaguar a boca utilizando um copo de água economiza de 3 a 5 litros de água.

Pratique coleta seletiva. A reciclagem é uma maneira eficiente de contribuir para a economia de água. Os produtos reciclados consomem menos água do que os produzidos a partir de matéria-prima virgem.

Ilustrações: Marília Pirillo

Só lave o carro uma vez por mês, com balde de 10 litros para ensaboar e enxaguar. Para isso, use a água da sobra da máquina de lavar louça. Utilizar a mangueira gasta cerca de 600 litros.

Reutilize a água sempre que possível. Depois de usada para lavar roupa, ainda pode ser usada para lavar calçadas, por exemplo. Use a máquina de lavar roupa apenas quando estiver com a capacidade máxima. Quando não for possível, regule o nível de água que será usado.

Não jogue lixo nas ruas. Ele pode acabar contaminando os rios da região.

Lavar louça com a torneira aberta o tempo todo desperdiça até 105 litros. Ensaboe a louça com a torneira fechada e depois enxágue tudo de uma vez.

Pingando, 46 litros/dia. Isso significa 1 380 litros por mês. Feche bem as torneiras. Um buraco de 2 milímetros no encanamento desperdiça cerca de 3 caixas-d'água de mil litros.

Ilustrações: Marília Pirillo

Prefeitura de João Monlevade. Disponível em: <www.pmjm.mg.gov.br/noticiasView/?id=7719>. Acesso em: 23 jun. 2019.

Glossário

Coleta seletiva: coleta do lixo que foi separado conforme o tipo.
Matéria-prima virgem: substância que ainda não foi usada.
Per capita: por ou para cada indivíduo.
Reciclagem: reaproveitamento de materiais descartados que ainda podem ser utilizados.

Estudo do texto

1 Qual é o título do texto que você leu?

_____

2 Qual é o objetivo do texto, ou seja, para que ele foi escrito?

_____

_____

3 A quem ele se dirige, ou seja, para quem foi escrito?

_____

_____

4 Por que a Prefeitura de João Monlevade fez o cartaz com essas dicas?

_____

_____

5 Para que servem as imagens nesse texto?

_____

_____

_____

6 Em sua opinião, é possível seguir as dicas dadas no texto? Por quê?

7 No trecho escrito antes das dicas, aparece uma informação para convencer os moradores da cidade de João Monlevade a gastar menos litros de água por dia. Qual é essa informação?

8 Releia as dicas a seguir prestando atenção nas palavras destacadas.

Ilustrações: Marília Pirillo

Reduza o tempo no chuveiro. Ao invés de tomar um banho de 10 minutos, **reduza** para 5 e **economize** de 30 a 80 litros de água a cada banho.

Só **lave** o carro uma vez por mês, com balde de 10 litros para ensaboar e enxaguar. Para isso, **use** a água da sobra da máquina de lavar louça. [...]

a) Essas palavras dão ideia de:

☐ conselho, pedido.   ☐ declaração, explicação.

b) Elas indicam:

☐ o que as pessoas da cidade fazem para economizar água.

☐ ações que devem ser realizadas para economizar água.

c) Circule no texto das dicas outras palavras que têm a mesma função que essas.

> Os textos que orientam o leitor para que ele faça algo são chamados de **textos instrucionais**. Nesses textos, costuma haver palavras que indicam as ações que o leitor deve executar, como **faça**, **pegue**, **use** etc.
>
> Muitos textos instrucionais têm imagens, que ajudam o leitor a entender o que deve fazer.

9 Releia este trecho.

A Organização Mundial da Saúde (OMS) estabelece o consumo mínimo *per capita* de cem litros diários de água – o suficiente para uma pessoa saciar a sede, ter uma higiene adequada e preparar os alimentos.

a) Pelo sentido do texto, "saciar a sede" é:

☐ ficar com muita sede.   ☐ fazer a sede passar.

b) Converse com os colegas: O que é "ter uma higiene adequada"?

Dicionário e ordem alfabética

1 Leia este verbete, tirado de uma página de dicionário.

> **Floresta** flo.<u>res</u>.ta
> Lugar onde existem muitas árvores grandes, bem próximas umas das outras.
> A floresta ocupa uma grande extensão de terra e nela vivem muitos animais.
> **Vi muitas fotos da Floresta Amazônica na internet**.

Douglas Tufano. *Dicionário infantil ilustrado*. São Paulo: Moderna, 2011. p. 54.

a) Pinte no verbete a palavra **floresta** dividida em sílabas.

b) Circule a parte do verbete que dá o significado de **floresta**.

c) Sublinhe no verbete o exemplo de frase com a palavra **floresta**.

2 Nos dicionários, as palavras são organizadas em ordem alfabética.

a) Vamos relembrar o alfabeto? Leia com o professor.

A B C D E F G H I J K L M N O P Q R S T U V W X Y Z

b) Circule a primeira letra das palavras abaixo, depois escreva as palavras em ordem alfabética.

mata   água   cidade   lixo

_____

_____

3 Agora circule a primeira letra das palavras a seguir.

focinho   fino   floresta   fábrica   fechar   fubá

◆ Como você colocaria essas palavras em ordem alfabética?

> Quando duas ou mais palavras começam com a mesma letra, para colocá-las em **ordem alfabética** é preciso observar a segunda letra.

4 Coloque em ordem alfabética as palavras da atividade 3.

_____

_____

5 Leia estas palavras.

| janela | javali | jacaré | jabuticaba |

a) Pinte a primeira letra e sublinhe a segunda letra de cada palavra.

b) Como podemos colocar essas palavras em ordem alfabética? Converse com os colegas e o professor, depois complete a frase.

◆ Para colocar em ordem alfabética palavras que têm a primeira e

a segunda letras iguais, é preciso observar a _____ letra.

c) Numere as palavras acima em ordem alfabética.

6 Na página do dicionário de onde tiramos o verbete **floresta** (da atividade 1), também aparecem os verbetes abaixo.

ferramenta   feroz   folclore

ferir   festejar   fingir

◆ Numere-os seguindo a ordem alfabética.

C ou qu?

1 Leia em voz alta esta frase tirada do texto "Preservar a água é preservar a vida".

Pratique coleta seletiva.

a) Na palavra **coleta**, a letra **c** representa:

☐ o mesmo som que na palavra **casa**.

☐ o mesmo som que na palavra **cebola**.

b) Em que outra palavra dessa frase aparece o som do **c** de **coleta**?

_____

c) Circule nessa palavra as letras que representam o som do **c** de **coleta**.

2 Releia esta dica de economia de água.

Marília Pirillo

Só lave o carro uma vez por mês, com balde de 10 litros, para ensaboar e enxaguar. Para isso, use a água da sobra da máquina de lavar louça. [...]

a) Circule nessa dica as palavras em que aparece o som do **c** de **coleta**.

b) Copie nas colunas do quadro as palavras que você circulou.

Som do **c** de **coleta** representado:	
pela letra **c**	pelas letras **qu**

3 Organize as sílabas e forme palavras, depois copie-as no quadro da atividade 2, nas colunas certas.

a) i jo que:

b) qui pe to ri:

c) do es cu:

_____

_____

_____

4 Escreva o nome das imagens.

Ilustrações: Wilson Jorge Filho

_____

_____

Carolina Sartório

_____

_____

_____

5 Conclua e complete: O som do **c** de **coleta** pode ser representado:

◆ pela letra _____ antes de **a, o** e **u**;

◆ pelas letras _____ antes de **e** e **i**.

6 Complete as palavras com **c** ou **qu**.

a) mole_____e

c) ja_____eta

e) aba_____ate

b) sa_____ola

d) cro_____te

f) _____indim

Produção de texto

Texto instrucional

Na natureza, tudo está interligado, e até nossa alimentação influencia a preservação de matas, rios e mares.

Algumas pessoas, por motivos de saúde, devem seguir dietas especiais. Mas, em geral, é bom dar preferência aos alimentos que vieram direto da natureza e prepará-los de forma caseira. Assim evitamos o sal, o açúcar, os corantes e os conservantes presentes na maioria dos alimentos industrializados, reduzimos o gasto de matérias-primas para produzir embalagens, evitamos que as embalagens poluam o ambiente e ainda fazemos economia.

Que tal, então, formar um grupo e produzir um folheto com dicas sobre alimentação para distribuir na escola e entre familiares e amigos?

Pesquisa

1. Pesquisem em *sites*, livros, jornais e revistas:
   - ❖ alimentos saudáveis para crianças e adultos;
   - ❖ alimentos vindos direto da natureza em preparações caseiras *versus* produtos industrializados;
   - ❖ preparação dos pratos em casa *versus* compra de comida pronta;
   - ❖ como deve ser a alimentação das crianças;
   - ❖ comer sozinho *versus* comer acompanhado.
2. Selecionem imagens para usar no folheto.
3. Anotem o nome das fontes (*sites*, livros, jornais e revistas) de onde vocês tiraram as informações.
4. Não copiem os textos pesquisados, mas registrem as informações mais importantes para conversar sobre elas com o professor.

Camila Hortencio

Elaboração

1. Pensem em pelo menos cinco dicas de alimentação para compor o folheto.

2. Planejem se usarão só a frente do folheto ou a frente e o verso.

3. Escrevam as dicas. Vocês podem:
   - começar cada dica com uma palavra que indique ao leitor o que ele deve (ou não deve) fazer, como: **prefira**, **coma**, **evite**, **lave** etc.;
   - usar adjetivos para indicar as características dos alimentos. Por exemplo: frutas **frescas**, legumes **cozidos**, água **filtrada** etc.

4. Numerem as dicas ou separem uma da outra pulando uma linha.

5. Escolham as imagens que serão usadas, mas não as colem ainda.

Revisão e divulgação

1. Releiam o texto pronto.
   - As orientações estão claras e fáceis de entender?
   - Vocês usaram palavras que orientam o leitor sobre o que ele deve fazer (**coma**, **beba**, **prefira** etc.)?
   - A grafia das palavras está correta e a pontuação ajuda o leitor a entender o sentido das frases?

2. Refaçam o que for preciso e mostrem o texto ao professor.

3. Depois da leitura dele, passem o texto a limpo. Escrevam no alto o título "Dicas para uma alimentação saudável", colem as imagens ou façam desenhos e anotem as fontes em que pesquisaram as informações. Essa finalização pode ser feita à mão ou no computador.

4. Com a orientação do professor, façam cópias do folheto e distribuam-nas a colegas de outras turmas, familiares e amigos.

Camila Hortencio

Aí vem história

Leia, na página 278, um poema que fala de gestos pequenos, mas importantes para nós e para o meio ambiente.

Vídeo de culinária

Na seção anterior, você produziu um folheto com dicas sobre alimentação. Que tal, agora, pôr mãos à obra e fazer com os colegas um vídeo ensinando a preparar uma receita? O vídeo será destinado a crianças até 8 anos, e o professor poderá postá-lo no *site* ou *blog* da escola.

Preparação

1. Converse com os colegas e o professor sobre estas questões.
   - Você já preparou alguma receita? Qual? Como foi a experiência?
   - O que é necessário para pôr em prática uma receita?
   - Que cuidados com a higiene se deve ter ao cozinhar?
   - E os cuidados com a segurança na cozinha, quais são?
   - Criança pode cozinhar sem a supervisão de um adulto?

2. Com a orientação do professor, assista a um programa de culinária infantil. Preste atenção em todos os detalhes. Observe:
   - A receita ensinada é fácil de fazer e saudável?
   - Crianças podem preparar esse prato? Alguma etapa precisa da ajuda ou supervisão de um adulto?
   - Como é o cenário onde o vídeo foi filmado: colorido, infantil, sério, iluminado, simples?
   - Os ingredientes e utensílios estavam dispostos na mesa (ou bancada)?
   - Foram tomados cuidados de higiene e segurança?
   - O(a) apresentador(a) era uma criança ou um adulto?
   - Como ele(a) pronunciava as palavras e que tom de voz usava?
   - Como era a linguagem dele(a)? Clara e fácil de entender?

3. Converse com os colegas sobre o programa, depois forme um grupo para começar a produção do vídeo de culinária de vocês.

Produção e publicação

1. Decida com seu grupo que receita será ensinada no vídeo. O público-alvo são crianças de até 8 anos, então pesquisem uma receita simples de fazer, gostosa e saudável.

   ◆ O professor e os familiares de vocês podem ajudar com sugestões de receita.

   ◆ Combinem com o professor se a receita incluirá o uso de fogão e forno.

2. Anotem a receita escolhida.

3. Leiam a receita várias vezes para entender os detalhes, depois dividam as tarefas. Definam quem vai ensinar a receita; ajudar com os preparos (picar os ingredientes, mexer a mistura etc.); preparar o cenário; filmar os colegas com celular ou câmera.

   ◆ Quanto aos ingredientes, utensílios de cozinha, toalhas, luvas e touca, é importante que todo o grupo ajude a providenciá-los.

4. Preparem um roteiro com as partes do vídeo.

   ◆ No começo, vocês devem dizer que receita vai ser preparada.

   ◆ Depois, devem indicar os ingredientes e a medida de cada um.

   ◆ Por fim, mostrarão como se prepara a receita.

5. No dia combinado com o professor, sigam as orientações dele e façam a filmagem com base no roteiro.

   ◆ Quem for falar deve usar um tom de voz audível e pronunciar bem as palavras.

   ◆ No final, colaborem na limpeza e separem o que for reciclável.

Avaliação

1. Participem de uma avaliação coletiva:

   ◆ Vocês gostaram desse trabalho em grupo? Por quê?

   ◆ Surgiram problemas durante o trabalho? Como vocês os resolveram?

   ◆ O vídeo ficou adequado para o público a que se destina?

FatCamera/iStockphoto.com

1 Escolha e circule para cada substantivo o adjetivo mais adequado, de acordo com a imagem.

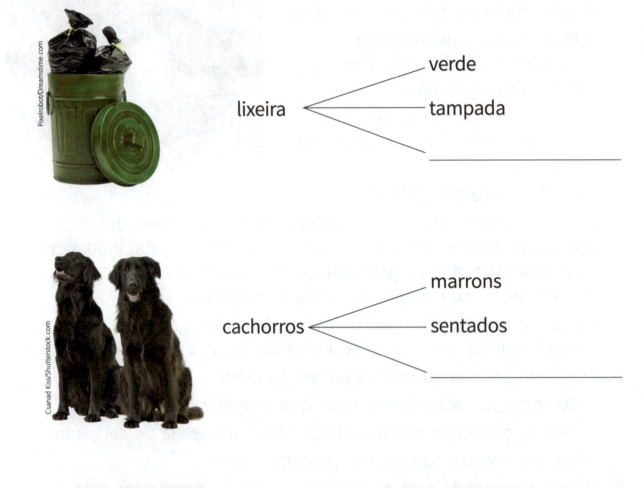

lixeira —— verde

lixeira —— tampada

lixeira —— _____

cachorros —— marrons

cachorros —— sentados

cachorros —— _____

limão —— inteiro

limão —— partido

limão —— _____

a) Escreva mais um adjetivo para cada imagem.

b) Escolha um dos substantivos e um dos adjetivos acima e crie uma frase em que eles apareçam juntos.

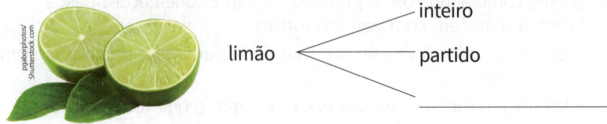

_____

2 Leia este trecho de uma reportagem.

www.bbc.com/portuguese/brasil-36966298

Todos os dias, Jocelino Porto, de 70 anos, segue a mesma rotina: acorda às 5 h da manhã, toma um banho gelado e dedica-se a cuidar de centenas de mudas de plantas que, cultivadas em pequenos copos plásticos, se amontoam em sua casa na favela de Rocha Miranda, na Zona Norte do Rio de Janeiro.

Pouco depois, começa a receber seguidos telefonemas. São pessoas em busca de pés de graviola, pitanga e goiaba, entre os mais de 70 mil já produzidos por esse paraibano com sotaque carioca.

Há mais de três décadas, em um trabalho praticamente solitário, Porto dedica-se a reflorestar as favelas da capital fluminense. [...]

Luis Barrucho. *BBC Brasil*. Disponível em: <www.bbc.com/portuguese/brasil-36966298>. Acesso em: 3 jun. 2019.

a) Em que cidade Jocelino Porto mora e em que estado nasceu?

_____

_____

b) Por que foi escrita uma reportagem sobre ele?

_____

_____

_____

c) Sublinhe o adjetivo que indica como é o banho de Jocelino.

d) Circule no primeiro parágrafo os dois adjetivos que se referem ao substantivo "copos".

e) Jocelino faz um "trabalho praticamente solitário". Então ele:

☐ tem muita ajuda para cuidar das mudas de plantas.

☐ quase não tem ajuda para cuidar das mudas.

3 Copie da reportagem sobre Jocelino Porto as palavras escritas com **qu**.

_____

a) Agora releia a reportagem e sublinhe as palavras em que aparece o mesmo som do **qu**, porém representado pela letra **c**.

b) Complete as palavras com **c** ou **qu**.

- _____alor
- re_____eijão
- refres_____o

- es_____ina
- _____umbuca
- _____erido

4 Observe as imagens e escreva o nome delas.

Only Zoia/Shutterstock.com

Tomalien34/Dreamstime.com

Pichest Boonpanchua/
Dreanstime.com

_____ _____ _____

a) No dicionário, essas palavras estão na parte que apresenta

palavras começadas com a letra _____.

b) Qual desses nomes vem antes no dicionário?

_____

c) O que você observou nas palavras para dar essa resposta?

_____

d) Agora procure em um dicionário os nomes acima e confira se os escreveu com as letras certas. Corrija o que for necessário.

Livros

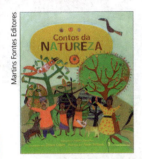
Martins Fontes Editores

▶ **Contos da natureza**, de Dawn Casey. São Paulo: WMF Martins Fontes, 2010.

Esse livro convida o leitor a observar o mundo a sua volta: o calor do sol, a sombra das árvores, o eco dos sons de animais. São sete histórias de povos de diferentes partes do mundo sobre a relação das pessoas com a natureza. No final de cada conto, atividades práticas despertam a vontade de cuidar do planeta.

▶ **Água por todo lado**, de Rosana Jatobá e Arminda Jardim. São Paulo: Plano B, 2014.

Lara e Benjamin são muito curiosos e fazem perguntas sobre tudo. E o interesse é especial quando o assunto é a água. Em um passeio ao local de onde vem toda a água da cidade, eles descobrem que é importante preservar a área próxima da nascente dos rios.

Plano B Editorial

Filmes

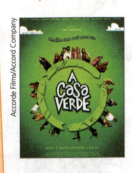
Accorde Films/Accord Company

▶ **A casa verde**. Direção de Paulo Nascimento. Brasil, 2010, 108 min.

Um desenhista precisa terminar a história em quadrinhos que está escrevendo, mas ele perde o controle da história e os personagens passam a agir por conta própria. Esse filme alerta para a necessidade de reciclar o lixo.

▶ **Carbono & Metano**. Direção de Philippe Henry. Brasil, 2011, 47 min.

Nesse divertido documentário de ficção, os personagens Carbono e Metano tentam dominar o mundo por meio do efeito estufa e do aquecimento global. Em estilo de gibi de super-herói, o filme aborda a necessidade de respeitar o meio ambiente. Cientistas, professores e outros especialistas participam do filme dando opiniões e explicações sobre os assuntos tratados.

PH Multivisão e Vídeo

Da boca para fora

Bruna Assis

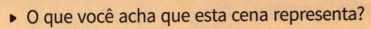

- O que você acha que esta cena representa?
- Que tipo de história você gosta de ouvir?
- É comum as pessoas mais velhas conhecerem histórias: casos engraçados, contos de fadas. Como elas aprenderam essas histórias?

História maluca

Que tal criar uma história com os colegas?

1. O professor vai escolher o lugar onde ela se passa (na escola, na rua, na floresta, no castelo, no navio), e a turma decide o tempo (no tempo dos reis e rainhas, nas férias, no futuro).

2. Lugar e tempo definidos, o professor inventa a primeira parte da história e passa a vez a um de vocês, que continua de onde ele parou usando até cinco palavras. E assim por diante, um a um, vocês vão acrescentando e mudando fatos ou personagens.

3. Os últimos a falar devem criar o final da narrativa.

   Vamos lá? A história é de vocês!

1 Ouvir e contar histórias é um costume antigo. Por exemplo, a história da página seguinte é uma fábula que foi inventada mais de 2 mil anos atrás e recontada muitas vezes. Leia o título e observe a ilustração. Quem são os personagens principais?

2 Conte ao professor o que você acha que acontece entre esses personagens. Depois leia a fábula.

Fábula

A raposa e o corvo

Um corvo roubou um belo pedaço de carne e, segurando-o no bico, foi pousar no galho mais alto de uma árvore.

Uma raposa que ia passando viu o magnífico pedaço de carne vermelha. Postou-se embaixo da árvore e disse:

– Como você é bonito, corvo! Suas penas são negras como a noite e brilhantes como folhas molhadas! E que linda cauda! Uma verdadeira flor azul! E as asas? Quem diz que as asas da águia são bonitas nunca viu as suas, caro corvo! Você poderia ser o rei dos pássaros... mais que isso, o rei dos animais. Só lhe falta...

E a raposa se calou.

O corvo inclinou a cabeça e olhou para baixo com ar impaciente. Queria perguntar o que lhe faltava, mas não podia abrir o bico.

A raposa suspirou e acabou dizendo:

– Só lhe falta a voz, meu caro!

Lá em cima da árvore, o corvo se angustiava, muito nervoso. Embaixo, a raposa continuava a suspirar, alisando a relva com a cauda.

Por fim o corvo abriu o bico e crocitou: – *Crás! Crás!* Quem disse que não tenho voz? *Crás! Crás! Crás!*

Na mesma hora a raposa abocanhou a carne que o corvo deixou cair e se afastou, gritando: – Voz você tem, meu caro corvo. Mas para se tornar o rei dos animais precisa de outra coisa: de cérebro!

Fábulas de Esopo. São Paulo: WMF Martins Fontes, 2014. p. 20.

Clarissa França

Glossário

Crocitar: soltar a voz (o corvo, o abutre e outras aves).

Quem escreveu?

Esopo viveu na Grécia mais de 2 mil anos atrás. Escreveu muitas fábulas, histórias em que os animais agem como pessoas.

1 Com a orientação do professor, participe de uma leitura da fábula em voz alta. Leia prestando atenção nos sinais de pontuação e no sentido das frases.

2 Responda.

a) Qual é o título da fábula lida?

_____

b) Quais são os personagens da história?

_____

> Geralmente o **título das fábulas** é formado pelo nome dos personagens. Exemplos: "A lebre e a tartaruga", "A cigarra e a formiga", "A rã e o boi" etc.

3 Conte aos colegas se o que você imaginou sobre a história antes da leitura estava certo ou não e por quê.

4 Observe as duas cenas a seguir e pinte a que se refere à fábula lida.

Ilustrações: Clarissa França

5 Após roubar um pedaço de carne, para onde o corvo foi?

_____

6 Circule no texto a fala em que a raposa elogia o corvo.

7 Depois dos elogios da raposa, o corvo:

[...] inclinou a cabeça e olhou para baixo com ar impaciente. Queria perguntar o que lhe faltava, mas não podia abrir o bico.

Por que ele não podia abrir o bico?

_____

_____

8 Sublinhe no texto a frase em que o corvo mostra sua voz.

9 O que aconteceu quando o corvo falou?

_____

10 Vamos rever a sequência do que acontece na fábula? Numere as frases na ordem dos fatos da história.

◻ Uma raposa que vinha passando elogiou o corvo, mas disse que ele não tinha voz.

◻ O corvo crocitou para mostrar que tinha voz.

◻ Um corvo estava pousado no galho de uma árvore com um pedaço de carne no bico.

◻ A carne veio abaixo e a raposa a abocanhou.

11 Releia a fala da raposa no final da narrativa e explique-a com suas palavras.

_____

_____

_____

12 Converse com os colegas sobre estas questões.

a) A raposa foi sincera ao elogiar o corvo? Qual era a intenção dela?

b) Por que o corvo se deixou enganar pela raposa?

c) Qual dos dois personagens foi mais esperto? Esse personagem agiu bem? Por quê?

d) Essa história ensina algo às pessoas? O quê?

As **fábulas** são contadas ou escritas para transmitir um ensinamento ou para fazer uma crítica a um comportamento. Por isso, muitas vezes elas apresentam, no final, uma frase que resume esse ensinamento ou essa crítica: a **moral da história**.

13 Com um colega, crie uma frase que poderia ser a **moral da história** da fábula "A raposa e o corvo".

_____

_____

_____

14 Ligue cada personagem a suas características.

a)   corvo   esperta, fingida

b)   raposa   vaidoso, tolo

Clarissa França

15 Essas características são próprias de:

☐ animais.   ☐ pessoas.

No tempo em que as primeiras fábulas foram criadas, para não fazer críticas diretamente às pessoas, os autores preferiam inventar histórias em que **personagens animais** tinham características humanas, como a vaidade, a tolice e a ganância.

16 Que tal treinar a memória? Feche o livro e reconte oralmente a fábula com os colegas e o professor.

17 Volte à página 123 e observe como o texto se organiza na página.

a) Pinte o espaço entre a margem e o começo da frase em cada parágrafo da fábula e explique para que servem esses espaços.

b) Numere os parágrafos da fábula.

> Você leu uma fábula escrita em **prosa**, isto é, organizada em parágrafos. Também existem fábulas escritas em versos.

18 Vamos recordar as partes das narrativas? Leia o quadro.

Situação inicial	Geralmente os personagens são apresentados e se conta onde e quando acontece a história.
Conflito	Algo diferente dá início às ações dos personagens.
Clímax	É o momento de maior emoção da narrativa.
Desfecho	O conflito se resolve.

◆ Indique os parágrafos que correspondem a cada parte da fábula.

Situação inicial	parágrafo _____
Conflito ou complicação	parágrafos _____ e _____
Desenvolvimento	parágrafos _____ a _____
Clímax	parágrafo _____
Desfecho	parágrafo _____

Aí vem história

Leia na página 280 a fábula da lebre e do camaleão, de origem africana. Que lições será que podemos aprender com esses personagens?

Sinais de pontuação

1 Releia em voz alta este trecho de uma fala da raposa.

[...] Suas penas são negras como a noite e brilhantes como folhas molhadas! E que linda cauda! Uma verdadeira flor azul!

a) Que sentimento da raposa essas frases indicam?

_____

b) Como se chama o sinal colocado no final dessas frases?

_____

c) Imagine que esse trecho estivesse pontuado desta outra forma e leia-o em voz alta com os colegas.

Suas penas são negras como a noite e brilhantes como folhas molhadas **.** E que linda cauda **.** Uma verdadeira flor azul **.**

◆ Com essa pontuação, a forma de ler o trecho mudou?

◆ Como se chama o sinal destacado nessas frases?

_____

2 Releia esta fala e observe o sinal de pontuação destacado.

– Como você é bonito, corvo! Suas penas são negras como a noite [...]! E que linda cauda! Uma verdadeira flor azul! E as asas **?** Quem diz que as asas da águia são bonitas nunca viu as suas, caro corvo! [...]

a) Como se chama o sinal destacado?

_____

b) Quando faz essa pergunta, a raposa espera uma resposta do corvo? Qual é a intenção dela?

3 Volte à fábula, na página 123, e circule o travessão (–) todas as vezes que ele aparece.

❖ Nessa narrativa, o travessão serve para indicar:

☐ o início de cada parágrafo.

☐ as falas dos personagens.

4 Releia estes dois parágrafos.

Uma raposa que ia passando viu o magnífico pedaço de carne vermelha. Postou-se embaixo da árvore e disse:

– Como você é bonito, corvo! [...]

Clarissa França

a) Que palavra, no final do primeiro parágrafo, indica que na sequência vem a fala de um personagem?

_____

b) Pinte o sinal de pontuação que vem depois dessa palavra.

c) O sinal que você pintou chama-se **dois-pontos**. No trecho acima, ele anuncia ao leitor que:

☐ um personagem vai falar.

☐ um personagem está falando.

5 Releia a fábula, na página 123, e circule outros trechos em que uma palavra seguida de dois-pontos introduz a fala de um personagem.

Nas narrativas, o narrador pode introduzir a fala de um personagem usando uma palavra que indica como ele falou. Por exemplo: **disse**, **gritou**, **cochichou**, **respondeu** etc.

Depois dessa palavra, costuma haver dois-pontos. Exemplo:

O corvo **gritou**:

– Quem disse que eu não tenho voz?

Estudo da língua

Verbo: tempos e pessoas

1 O texto a seguir, tirado de uma enciclopédia infantil, dá informações sobre as raposas, mas faltam algumas palavras. Leia-o com o professor.

A raposa _____ o que estiver ao alcance dos seus dentes: ratos, coelhos, minhocas ou cogumelos de vez em quando, e ainda algumas frutas.

A raposa está acostumada com os

homens. De noite, _____ as

latas de lixo. Depois, _____ as presas para a toca [...].

Meu 1º Larousse dos animais. São Paulo: Larousse, 2011. p. 125.

▶ Raposa.

a) Você entendeu o texto? Explique sua resposta.

b) De acordo com o sentido das frases, escreva nos lugares certos as palavras **leva**, **come** e **revira**.

c) As palavras que você escreveu indicam:

☐ características das raposas. ☐ ações das raposas.

2 Agora releia estes trechos da fábula "A raposa e o corvo".

Um corvo roubou um belo pedaço de carne [...]

Na mesma hora a raposa abocanhou a carne [...]

a) Que palavras indicam ações do corvo e da raposa? Circule-as.

b) Essas palavras dão ideia de algo:

☐ que já aconteceu (passado).

☐ que acontece (presente).

☐ que ainda acontecerá (futuro).

130

3 Leia estas informações sobre o que acontece na floresta no outono.

Muitos pássaros **voam** para regiões mais quentes. [...]
A raposa **enterra** tudo o que **encontra**.

Meu 1º Larousse dos animais. São Paulo: Larousse, 2011. p. 119.

a) As palavras destacadas indicam o que muitos pássaros e a raposa:

☐ fazem no outono.   ☐ sentem.

b) Essas palavras dão ideia de algo que já aconteceu, que acontece sempre ou que ainda acontecerá?

4 Agora leia o título de uma notícia sobre os dias de funcionamento de um parque infantil.

Cidade da Criança, na Grande SP, abrirá só aos fins de semana

Disponível em: <www.metrojornal.com.br/foco/2017/05/10/cidade-da-crianca-na-grande-sp-abrira-aos-fins-semana.html>. Acesso em: 4 jun. 2019.

a) A palavra **destacada** indica passado, presente ou futuro?

b) Em qual das frases abaixo a palavra **abrirá** foi modificada para indicar tempo passado?

☐ Antes o parque só **abria** aos domingos.

☐ O funcionário **abre** o portão do parque todos os dias.

> Existem palavras que mudam de forma para indicar se algo acontece (presente), aconteceu (passado) ou acontecerá (futuro): são os **verbos**.

5 Escreva **P** na frase em que o verbo indica passado, **PR** na frase em que ele indica presente e **F** na frase em que ele indica futuro.

☐ A raposa **comeu** o pedaço de carne.

☐ O corvo não **comerá** a carne.

☐ Raposas **comem** quase tudo o que encontram.

6 Leia o que se diz a respeito dos corvos em um *site* sobre animais.

◀ ▶ ↻ | www.brasil.discovery.uol.com.br/animal-planet/os-5-animais-mais-inteligentes-do-planeta

Em diversas lendas, os corvos são retratados como trapaceiros ou portadores de maus presságios, mas, na realidade, **eles são bastante inteligentes**.

Os cinco animais mais inteligentes do planeta. *Animal Planet*. Disponível em: <www.brasil.discovery. uol.com.br/animal-planet/os-5-animais-mais-inteligentes-do-planeta>. Acesso em: 4 jun. 2019.

a) Na fábula lida, o corvo é apresentado como um animal inteligente? Explique.

b) No trecho acima, a quem se refere a palavra "eles"?

c) A expressão "bastante inteligentes" indica:

☐ uma característica dos corvos.

☐ o que os corvos costumam fazer.

▶ O corvo é um animal inteligente.

Marcin Perkowski/Shutterstock.com

d) Circule a palavra que liga essa expressão à palavra "eles".

A palavra **são** é uma forma do verbo **ser**. Esse verbo pode ser usado em frases que indicam qualidades, características ou o estado de um ser (triste, alegre, cansado etc.). Outros verbos também podem ter essa função. Exemplos: "A raposa **parecia** sincera", "O corvo **ficou** envaidecido".

7 Leia estas frases baseadas na fábula "A raposa e o corvo".

– Eu **tenho** voz – disse o corvo.

– Você **tem** voz, mas não tem cérebro – respondeu a raposa.

a) **Tenho** e **tem** são formas do verbo:

☐ tem.   ☐ tinha.   ☐ ter.

b) Que tempo (passado, presente, futuro) essas formas verbais indicam?

8 Se, na questão anterior, as duas formas do verbo (**tenho** e **tem**) indicam o mesmo tempo, por que são diferentes? Converse sobre isso com os colegas.

9 Leia a tirinha e observe que uma palavra foi retirada do segundo quadrinho.

Fabiano dos Santos.

a) No segundo quadrinho, complete a fala do menino com uma destas formas do verbo **pousar**: **pousou**, **pousaram** ou **pousamos**.

b) Por que você escolheu essa forma verbal, e não as outras?

c) A quem se refere a palavra "ele" no último quadrinho?

_____

d) Se o próprio menino dissesse a frase do último quadrinho, como ela ficaria?

_____

e) O que você achou da atitude do menino?

Os **verbos** também mudam de forma para indicar se eles se referem:
- à própria pessoa que fala (1ª pessoa); exemplo: **Eu vi** uma abelha;
- à pessoa com quem se fala (2ª pessoa); exemplos: **Você viu** uma abelha ou **Tu viste** uma abelha;
- à pessoa sobre a qual se fala (3ª pessoa); exemplo: **Ela viu** uma abelha.

Enquete e debate

Na fábula "A raposa e o corvo", a raposa mentiu para conseguir o que queria. O que você pensa sobre essa atitude? É certo mentir em algumas situações?

Nesta atividade, você vai fazer uma enquete para saber a opinião de algumas pessoas sobre esse tipo de atitude, vai ouvir como elas justificam o ponto de vista delas e, no final, irá participar de um debate sobre o assunto.

Enquete

Enquete é um tipo de entrevista feito para conhecer a opinião dos entrevistados sobre um assunto.

1. Forme dupla com um colega e, juntos, pensem em quatro pessoas para entrevistar, no prazo combinado com o professor.

2. Perguntem a essas pessoas se gostariam de colaborar com um trabalho escolar. Se elas aceitarem, façam a pergunta do quadro abaixo e peçam como resposta "Sim" ou "Não" e uma pequena justificativa. Anotem a resposta e, ao final, agradeçam a participação.

Vale a pena mentir para alcançar um objetivo, para conseguir o que se quer?		
Sim	Não	Justificativa

3. No dia combinado, tragam os resultados da enquete e ajudem o professor a contar quantas pessoas disseram "Sim" e quantas disseram "Não".

4. E então? Mais pessoas acham que vale a pena mentir para alcançar um objetivo ou mais pessoas acham que não vale a pena?

Debate

A pergunta feita na enquete desperta muitas discussões. Agora que você pensou no assunto e ouviu a opinião e as justificativas de outras pessoas, o professor organizará a turma em dois grupos: um grupo dos que acham que vale a pena mentir para conseguir o que se quer e outro dos que não pensam assim.

1. Cada grupo vai se reunir e pensar em argumentos para mostrar a validade de sua opinião. Algumas justificativas dadas pelos entrevistados na enquete poderão ser usadas como argumento.

2. Depois dessa conversa, cada grupo escolherá cinco representantes para debater o assunto com o outro grupo.

3. Se você foi debatedor no debate proposto na página 88, desta vez participará como plateia. Assista ao debate com atenção, pois no final o professor dará a todos a oportunidade de esclarecer dúvidas e opinar.

4. Os alunos que debaterão podem anotar em uma folha o que vão falar para o caso de se esquecerem de algo. Esses alunos devem usar uma linguagem adequada à situação, sem gírias e educada, mesmo quando quiserem se opor à opinião de um colega.

5. Para a organização e a avaliação do debate, siga as orientações dadas nas páginas 88 e 89.

Bom debate!

Clarissa França

135

Conto acumulativo ou lenga-lenga

1 Você já ouviu a expressão **lenga-lenga**? Sabe o que ela quer dizer?

2 O texto a seguir é um conto acumulativo, também chamado de lenga-lenga. Por que será que ele é chamado assim?

Os contos acumulativos têm origem oral, assim como as fábulas, mas eles parecem uma brincadeira. Leia este conto e divirta-se.

A mosca e a moça

Estava a moça em seu lugar,
veio a mosca chatear.

A mosca na moça, a moça namora,
e eu não posso namorar.

Estava a mosca em seu lugar,
veio a aranha chatear.

A aranha na mosca, a mosca na moça,
a moça namora, e eu não posso namorar.

Estava a aranha em seu lugar,
veio a barata chatear.

Clarissa França

A barata na aranha,
a aranha na mosca, a mosca na moça
a moça namora, e eu não posso namorar.

Estava a barata em seu lugar,
veio o rato chatear.

O rato na barata, a barata na aranha,
a aranha na mosca, a mosca na moça,
a moça namora, e eu não posso namorar.

Estava o rato em seu lugar,
veio o gato chatear.

O gato no rato,
o rato na barata, a barata na aranha,
a aranha na mosca, a mosca na moça,
a moça namora, e eu não posso namorar.

[...]

Angela Leite de Souza. *Histórias de vai e vem*.
São Paulo: Caramelo, 2013. p. 24-25.

Quem escreveu?

Angela Leite de Souza nasceu em Belo Horizonte, no estado de Minas Gerais. Foi jornalista até 1982, quando publicou seu primeiro livro. Depois disso, tornou-se escritora e ilustradora e hoje tem mais de 50 livros publicados.

Arquivo pessoal

1 Com a orientação do professor, leia o conto acumulativo em voz alta.

2 Observe as imagens. Quais delas mostram personagens de "A mosca e a moça"? Circule-as.

Ilustrações: Clarissa França

3 Os personagens do conto aparecem um a um. Copie o nome deles na ordem em que aparecem na história.

1º: _____   3º: _____   5º: _____

2º: _____   4º: _____   6º: _____

4 Sem contar a moça, os personagens do conto são acrescentados na história seguindo uma ordem. Qual?

☐ Do animal mais lento para o mais rápido.

☐ Do animal mais esperto para o menos esperto.

☐ Do menor animal para o maior.

5 O conto lido está escrito em prosa ou em versos?

_____

◆ A forma como o texto está escrito ajuda o leitor a perceber as repetições e os acréscimos? Comente com os colegas.

6 Você se lembra de como as narrativas são organizadas (situação inicial, complicação ou conflito, desenvolvimento, clímax e desfecho)? Converse com os colegas sobre as questões a seguir.

a) Na situação inicial, são apresentados os personagens e se diz onde e quando acontece a história. O conto acumulativo "A mosca e a moça" tem essa parte?

b) Depois vem a complicação, algo que muda a situação dos personagens ou traz um problema que eles precisam resolver. Qual é a complicação em "A mosca e a moça"?

c) O conto lido tem um clímax, o momento de maior emoção na narrativa?

d) Em "A mosca e a moça", a complicação se resolve no final?

Nos **contos acumulativos**, algumas partes se repetem e outras novas são acrescentadas. Assim, as sequências do texto ficam cada vez maiores, desafiando a memória de quem conta a história.

7 Como você acha que o conto acumulativo pode continuar? Escreva mais duas partes seguindo o padrão do texto lido nas páginas 136 e 134.

_____

_____

_____

_____

_____

_____

_____

_____

Pronomes pessoais

1 Leia esta fábula.

Um lobo andava por uma planície ao entardecer. Caminhando, admirava a própria sombra, cada vez mais alongada.

– Alguém como eu não precisa ter medo de leão! Vejam só! Sou maior que uma casa! – e, todo orgulhoso, acrescentou: – Logo serei o rei de todos os animais!

Justamente naquela hora chegou o leão, que, nem um pouco impressionado por aquela sombra gigantesca, abocanhou o lobo e o engoliu.

Clarissa França

Fulvio Testa (Org. e ilustr.). *Fábulas de Esopo*. Trad. de: Silvana Cobucci Leite. São Paulo: WMF Martins Fontes, 2011. p. 10.

a) Que título você daria a essa fábula? Por quê?

b) Qual destas frases poderia ser a moral da fábula?

☐ Quem exagera a própria importância vira um herói.

☐ Quem exagera a própria importância pode se dar mal.

c) Na frase "Logo serei o rei de todos os animais!", o lobo está falando:

☐ de outro animal. ☐ de si mesmo.

d) Que palavra nessa frase indica isso? Circule-a.

e) Como ficaria a frase "Logo serei o rei de todos os animais!" se ela fosse dita por um animal que estivesse admirando o lobo de longe?

_____

_____

2 E se você fosse personagem da fábula e dissesse essa frase ao lobo? Escreva abaixo como a frase ficaria.

_____

_____

_____

_____

Nas situações em que há comunicação, pode haver três participantes:

- a pessoa que fala, chamada de **1ª pessoa**. Exemplo: "Logo serei o rei dos animais";

- a pessoa com quem se fala, chamada de **2ª pessoa**. Exemplo: "Você logo será o rei dos animais" ou "Tu logo serás o rei dos animais";

- a pessoa (ou o assunto) sobre a qual se fala, chamada de **3ª pessoa**. Exemplo: "Ele logo será o rei dos animais".

3 Escolha no quadro as palavras adequadas para completar as frases, conforme o animal que fala, com quem fala e de quem fala.

eu   você   nós   ele

Não preciso ter medo do leão, pensou o lobo. _____ sou maior do que uma casa.

O leão disse: _____ não devia ter tanta certeza!

E logo _____ abocanhou o lobo.

4 Leia esta informação tirada de uma enciclopédia.

O pássaro cuida das penas: **ele** as limpa, alisa, lava e depois as seca ao sol.

Meu 1º Larousse dos animais. São Paulo: Larousse, 2011. p. 18.

◆ Circule na frase a palavra a que o pronome "ele" se refere.

5 Compare as frases e diga qual é a diferença entre elas.

> O pássaro cuida das penas: **ele** as limpa, alisa, lava e depois as seca ao sol.

> O pássaro cuida das penas: **o pássaro** as limpa, alisa, lava e depois as seca ao sol.

◆ Por que, em sua opinião, na enciclopédia foi usada a palavra "ele"?

> Palavras como **eu**, **você** e **ele** podem retomar nomes ou expressões que aparecem antes no texto e indicam quem fala, com quem se fala ou sobre o que se fala (1ª, 2ª e 3ª pessoas).
>
> Essas palavras são os **pronomes pessoais**. Outros pronomes pessoais: **tu**, **ela**, **nós**, **vocês**, **eles**, **elas**.

6 Leia a piada.

A mãe do Joãozinho, conversando com uma amiga, diz:
– O meu Joãozinho gosta muito de dançar e de cantar. Quando crescer, quer se dedicar a uma dessas duas coisas.
Responde a amiga:
– Então acho que **ele** devia se dedicar à dança.
– Por quê? **Você** já o viu dançar?
– Não. Mas **eu** já o ouvi cantar!

Domínio público.

a) A amiga da mãe acha que Joãozinho canta bem?

b) Você achou essa piada engraçada? Por quê?

c) No texto da piada, a quem se referem os pronomes:

◆ "ele": _____

◆ "você": _____

◆ "eu": _____

Produção de texto

Conto acumulativo

Os contos acumulativos divertem e desafiam a memória. Em grupo com alguns colegas, você criará um conto acumulativo escrito em versos, como "A mosca e a moça", para ler para os outros grupos e para alunos de outra turma da escola.

Planejamento e produção

O conto de vocês terá a mesma estrutura de "A mosca e a moça", mas, em vez de falar da mosca que chateia a moça, vocês vão falar de outras situações. Por exemplo: uma abelha que chateia um ursinho, um cachorro que cutuca um gato etc.

1. Para começar, relembrem os personagens de "A mosca e a moça". Escreva o nome deles na ordem em que aparecem na narrativa.

_____

_____

2. Planejem quem serão os personagens do conto de vocês e a ordem em que aparecerão.

   ◆ Por exemplo, se os personagens forem animais, vocês podem apresentá-los do mais manso para o mais feroz, do mais fraco para o mais forte etc.

   ◆ Se os personagens forem pessoas, vocês podem criar uma sequência de profissionais (fazendeiro, verdureiro, padeiro, leiteiro), de personagens de contos de fadas (Cinderela, Príncipe, Madrasta, Lobo, Chapeuzinho Vermelho etc.) ou inventar outras formas.

3. Escrevam abaixo o nome dos personagens que planejaram na sequência em que aparecerão no conto.

_____

_____

_____

4. Agora releiam o começo do conto "A mosca e a moça" observando as palavras coloridas.

Estava **a moça** em seu lugar,
veio a mosca chatear.

A mosca na moça, a moça namora,
e eu não posso namorar.

Clarissa França

No conto acumulativo do grupo, vocês podem trocar todas as palavras coloridas ou apenas o nome dos personagens. Conversem sobre isso, depois completem as estrofes abaixo.

Estava _____ em seu lugar,

veio _____ _____.

_____ _____,

_____ _____,

e eu não posso _____.

5. Mostrem as estrofes ao professor para que ele dê sugestões.

6. Copiem as duas estrofes acima em uma folha e criem as outras estrofes do conto. Lembrem-se: nos contos acumulativos, os elementos vão se repetindo, então as estrofes vão ficando mais longas.

7. Deem um título ao conto.

Revisão

Releiam o texto pronto. Vejam se vocês:

◆ mantiveram a forma do conto "A mosca e a moça";

◆ apresentaram os personagens um a um;

◆ repetiram os trechos sempre na mesma ordem, mas a cada vez acrescentando algo novo;

◆ deram um título ao conto;

◆ escreveram as palavras corretamente;

◆ usaram os sinais de pontuação que conhecem.

Corrijam ou reescrevam o que for preciso e mostrem a produção ao professor.

Depois da leitura dele, cada um passa o conto a limpo em uma folha, faz um desenho para ilustrá-lo e assina-o.

Divulgação

Ensaiem a leitura do conto e, no dia combinado, apresentem-se aos colegas dos outros grupos.

Com a orientação do professor, leiam também para os alunos de uma turma do 1º ou 2º ano da escola.

Depois disso, ajudem o professor a afixar os textos de vocês em um lugar da escola onde possam ser lidos por alunos de outras turmas, funcionários e professores.

Marcos Machado

1 Releia este trecho da fábula "O lobo e sua sombra", em que o lobo fala consigo mesmo.

> – Alguém como eu não precisa ter medo de leão! Vejam só! Sou maior que uma casa! – e, todo orgulhoso, acrescentou: – Logo serei o rei de todos os animais!

a) O que os travessões destacados em **vermelho** indicam?

_____

b) O travessão destacado em **verde** serve para:

☐ interromper a fala do lobo, pois ela é muito longa.

☐ separar a fala do lobo de um trecho do narrador.

c) Circule o sinal de pontuação colocado depois da palavra "acrescentou".

d) Como se chama esse sinal? _____

e) Qual é a função dele nesse trecho da fábula?

_____

_____

f) Sem mudar o sentido do texto, que palavras do quadro poderiam ser usadas no lugar de "acrescentou"? Assinale-as.

| gritou | disse | ameaçou | completou |

g) Pinte os pontos de exclamação usados na fala do lobo.

h) Que sentimento do lobo o ponto de exclamação ajuda a expressar?

_____

_____

2 Leia esta tirinha.

AS FORMIGAS RESOLVERAM DAR ABRIGO PARA A CIGARRA NO INVERNO...

MAS...

TEVE UMA CONDI- ÇÃO!

TENHO QUE DAR AULA DE VIOLÃO PARA ESSAS FORMIGAS SEM TALENTO!

Fernando Gonsales

Fernando Gonsales.

a) A qual conhecida fábula essa tirinha faz referência?

_____

b) No primeiro quadrinho, a forma verbal "resolveram" indica:

☐ passado.   ☐ presente.   ☐ futuro.

c) Qual foi a condição para as formigas abrigarem a cigarra?

_____

_____

d) A palavra "teve" é uma forma do verbo _____ (ser/ter/manter)

e indica _____ (passado/presente/futuro).

3 Leia esta frase baseada na tirinha.

As formigas resolveram dar abrigo à cigarra, mas **as formigas** impuseram uma condição.

❖ Usando um pronome pessoal adequado, reescreva essa frase evitando a repetição de "as formigas".

_____

_____

4 A escritora Ruth Rocha já escreveu mais de 200 livros para crianças. Leia esta parte de uma entrevista que ela deu a um jornal.

www1.folha.uol.com.br/folhinha/2014/09/1510852-computador-nao-faz-com-que-se-leia-menos-diz-ruth-rocha-

A senhora lia muito quando era criança?

Muito. Quando eu tinha 13 anos, decidi ler todos os livros de uma biblioteca [...]

E ouvia muitas histórias também?

Meu avô era um grande contador de histórias. Era um velhinho engraçado que adorava contar contos do folclore, dos irmãos Grimm, fábulas [...]. Já meu pai só sabia três histórias: do Aladim, de um homem com a perna amarrada, que **eu** não sei de onde **ele** tirou, e outra que não lembro.

▶ A escritora Ruth Rocha.

Bruno Molinero. "Computador não faz com que se leia menos", diz Ruth Rocha; leia entrevista. Disponível em: <www1.folha.uol.com.br/folhinha/2014/09/1510852-computador-nao-faz-com-que-se-leia-menos-diz-ruth-rocha-leia-entrevista.shtml>. Acesso em: 4 jun. 2019.

a) Na primeira resposta da escritora, que palavras mostram que nesse trecho ela mesma conta o que fez aos 13 anos?

_____

b) Na segunda resposta, a quem se refere o pronome "eu"?

_____

c) E o pronome "ele"?

_____

d) Circule os verbos que aparecem nas respostas da escritora.

e) Ela usou mais verbos no passado, no presente ou no futuro?

_____

f) Por que a maioria dos verbos está nesse tempo?

Livros

Editora Moderna

▶ **A hora do desconto – Fábulas recontadas em versos e comentadas**, de Pedro Bandeira. São Paulo: Moderna, 2011.

Nas fábulas mais conhecidas, quase sempre animais fazem o papel de gente. Mas existem muitas fábulas que usam personagens humanos para fazer críticas e transmitir ensinamentos. Nesse livro, elas são contadas em versos e de um jeito divertido.

▶ **Ao pé das fogueiras acesas – Fábulas indígenas brasileiras**, de Elias José. São Paulo: Paulinas, 2013.

Esse livro traz seis histórias da cultura popular brasileira recontadas pelo escritor Elias José. Com humor e mantendo a leveza dos contos que têm origem oral, ele cria, para as fábulas, finais que não são nada óbvios.

Editora Paulinas

Editora Caramelo

▶ **Histórias de vai e vem**, de Angela Leite de Souza. São Paulo: Caramelo, 2013.

Nesse livro, que é acompanhado de um CD, você aprenderá músicas com sequências que vão ficando cada vez mais longas. Quem consegue cantá-las sem se esquecer de nenhum detalhe?

▶ **E o dente ainda doía**, de Ana Terra. São Paulo: DCL, 2012.

O protagonista deste livro é um jacaré com dor de dente. Vieram coelhos, tatus, corujas, patinhos e outros bichos para ajudar. Mas, mesmo com toda a ajuda, o dente ainda doía! A autora e ilustradora do livro, Ana Terra, nos conta essa história na forma divertida de conto acumulativo.

Editora DCL

UNIDADE 6

Que história é essa?

Bruna Assis

- Observe a imagem e descreva-a.
- Quem você acha que é a menina de roxo, à esquerda? O que ela está fazendo?
- É possível ver duas cenas nesta imagem. O que faz parte da primeira cena e o que faz parte da segunda?

Quebra-cabeça

Nesta atividade, primeiro você vai completar a figura do quebra-cabeça da página 317, depois irá trocar de jogo com um colega e montar o quebra-cabeça que ele criou. Siga as orientações do professor e divirta-se!

Marcos Machado

1 Ao montar o quebra-cabeça, você formou uma cena. O que você imagina que está acontecendo nesse lugar?

2 Leia o título da história em quadrinhos da página seguinte. Pelo título, com qual história para crianças ela tem relação?

3 Será que a história em quadrinhos é igual ao conto original? Que diferenças você já percebeu? Conte aos colegas e, depois, leia a HQ.

História em quadrinhos (HQ)

© Mauricio de Sousa Editora Ltda.

© Maurício de Sousa Editora Ltda.

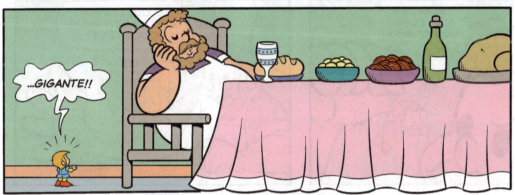

© Maurício de Sousa Editora Ltda.

© Maurício de Sousa Editora Ltda.

© Maurício de Sousa Editora Ltda.

Mauricio de Sousa. *Magali*, n. 83, p. 16-21, nov. 2013.

1 O que você pensou sobre a história antes da leitura estava certo ou você havia imaginado acontecimentos diferentes?

2 Dudu é um dos personagens da Turma da Mônica. Na história, você percebeu qual é a principal característica desse personagem? Faça um **X** na resposta certa.

☐ Dudu adora comer e come muito.

☐ Dudu não come quase nada.

3 Copie do primeiro quadrinho o trecho que informa ao leitor essa característica de Dudu.

_____

_____

_____

4 Quem dá essa informação ao leitor é:

☐ um dos personagens da história em quadrinhos.

☐ o narrador.

> Em algumas histórias em quadrinhos, há um **narrador** que dá ao leitor certas informações para que ele entenda a história. São informações que não estão nem nas falas dos personagens nem nas imagens.

5 Observe o primeiro quadrinho e responda oralmente:

a) Como Dudu se sente quando a mãe pede a ele que coma?

b) O que você observou na imagem para dar essa resposta?

6 Releia o segundo quadrinho.

a) Dudu gosta mesmo de feijão?

_____

b) Qual foi a intenção dele ao dizer isso para a mãe?

_____

_____

_____

NÃO? QUE PENA! EU ADORO COMER FEIJÃO!

© Maurício de Sousa Editora Ltda.

c) Com os colegas, leia em voz alta a fala de Dudu como você imagina que ele falou.

d) O que você observou para imaginar como ele falou? Converse sobre isso com os colegas e o professor.

7 Os dois primeiros quadrinhos confirmam a característica do personagem que você marcou na atividade 2? Explique.

_____

_____

8 No sexto quadrinho da HQ, a cena se passa:

☐ de dia.   ☐ de noite.

◆ Essa informação está escrita no texto? Explique sua resposta.

_____

_____

_____

9 Releia este quadrinho.

a) Quando vê o pé de feijão, Dudu fica:

☐ surpreso e contrariado. ☐ espantado e alegre.

b) Que recursos do texto e da imagem expressam a reação de Dudu?

10 Quando chega ao castelo, Dudu encontra um gigante.

a) Como ele era? Você se surpreendeu com esse personagem?

b) O que ele queria que Dudu fizesse?

11 Observe o quadrinho ao lado.

a) "Pra" é uma forma de escrever a

palavra _____.

b) Por que essa palavra foi escrita assim?

_____

_____

c) O que quer dizer a expressão "sai pra lá" nesse quadrinho?

_____

d) Essa expressão é mais comum na linguagem informal, do dia a dia. Converse com os colegas: Por que ela foi usada nessa HQ?

12 No quadrinho mostrado na atividade 11, aparece a palavra "argh". O que ela indica?

☐ Satisfação.   ☐ Barulho de quem está mastigando.

☐ Nojo, repulsa.   ☐ Irritação.

> Nas histórias em quadrinhos é comum aparecerem palavras como "argh", que imitam ruídos, gritos, vozes de animais, barulho de máquinas, de trovão, de chuva, sons de instrumentos musicais e muitos outros sons. Essas palavras são as **onomatopeias**.

13 Ligue as onomatopeias destacadas em verde à explicação delas.

Som de choro.

Som feito pelo nariz quando se fareja algo.

Som de pessoa mastigando.

14 Vamos conversar sobre o final da história?

a) Por que Dudu chamou Magali?

b) Que solução o menino encontrou quando o gigante ficou sem comida?

15 Nas histórias em quadrinhos, as falas dos personagens aparecem:

☐ dentro de balões de fala.

☐ em parágrafos iniciados por travessão.

16 O formato dos balões pode indicar como cada personagem falou. Escreva nas linhas o que cada balão indica. Se precisar, consulte o quadro.

Ilustrações: Bruna Ishihara

_____ _____ _____

_____ _____ _____

_____ _____ _____

_____ _____ _____

- Balão de pensamento.
- Balão em que dois ou mais personagens falam ao mesmo tempo.
- Balão de cochicho.
- Balão de fala em tom de voz normal.
- Balão de grito.
- Balão de dúvida.

Intertextualidade

Você acabou de ler e estudar uma história em quadrinhos inspirada no conto "João e o pé de feijão".

1 Converse com os colegas e o professor sobre o que há de parecido e o que há de diferente entre o conto e a HQ.

Quando um texto novo faz referência a um texto que já existe (por exemplo, tem os mesmos personagens ou o mesmo título), dizemos que entre esses dois textos há relação de **intertextualidade**.

Pode haver intertextualidade entre pinturas. Observe estas duas imagens e leia as informações abaixo delas.

Museu do Louvre, Paris

Museo Botero, Bogotá. Foto: Javier Larrea/ AGE/ SuperStock /Glow Images

▶ Leonardo da Vinci. *Mona Lisa*, 1503 a 1506. Óleo sobre madeira, 77 cm × 53 cm.

▶ Fernando Botero. *Mona Lisa*, 1978. Óleo sobre tela, 1,66 m × 1,83 m.

2 Qual das duas pinturas é mais antiga? Quem a pintou?

3 Qual delas é a *Mona Lisa* original e qual é a recriação?

4 De qual pintura você gostou mais e por quê?

Sujeito e predicado

1 Releia estas falas de Dudu.

> Eu **adoro** comer feijão!

> Uau!! **Cheguei** até o céu!

> Isso mesmo! **Detesto** tudo o que tem aqui!

a) As palavras destacadas são:

☐ substantivos.   ☐ adjetivos.   ☐ verbos.

b) Como você pensou para responder à questão anterior?

2 Leia esta tirinha.

Jim Davis. *Garfield*: um charme de gato. Porto Alegre: L&PM, 2007. p. 8.

a) Observe o formato dos balões. Eles são balões de:

☐ grito.   ☐ sonho.   ☐ pensamento.

b) Converse com os colegas sobre estas questões.

◆ Por que Garfield está sorrindo para Jon?

◆ No segundo quadrinho, por que Jon fica contrariado?

c) No último quadrinho, a qual substantivo o verbo **comer** está ligado?

3 Leia esta curiosidade científica sobre o apetite dos ratos.

Ratos gostam de queijo?

O rato doméstico gosta tanto de queijo quanto de qualquer outra comida que ele possa levar da sua cozinha. [...] O que acontece, segundo os cientistas, é que esses bichos são atraídos por refeições de cheiros fortes. [...]

Recreio, 21 jul. 2017. Disponível em: <http://recreio.uol.com.br/noticias/curiosidades/ratos-gostam-de-queijo.phtml#.WYHi-YjyuM8>. Acesso em: 2 ago. 2017.

a) Sublinhe o verbo que aparece no título do texto.

b) Esse verbo está no _____ (singular/plural).

c) Circule o substantivo ao qual o verbo se refere.

d) Esse substantivo está no _____ (singular/plural).

4 Leia as frases e faça o que se pede.

◆ Garfield é muito guloso.   ◆ Ratos gostam de queijo.

a) Pinte de **verde** o verbo que aparece em cada frase.

b) Pinte de **azul** o substantivo ao qual cada verbo se refere.

c) Converse com os colegas: Por que o verbo da primeira frase está no singular e o da segunda está no plural?

Substantivos e verbos são usados para construir frases e, nessas frases, eles podem ter diferentes funções. Por exemplo, o substantivo pode ser o **sujeito** da frase, ou seja, pode ser a palavra à qual o verbo se refere e com a qual combina quanto ao singular e ao plural.

Além do sujeito, nas frases também há o **predicado**, que é a parte em que aparece o verbo. Observe.

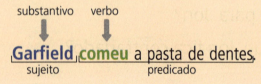

---

5 Circule o sujeito e sublinhe o predicado nas frases da atividade 4.

Sinônimos e antônimos

1 Releia o quadrinho ao lado.

a) O que quer dizer **detestar**?

_____

_____

_____

_____

ISSO, MESMO! DETESTO TUDO O QUE TEM AQUI!

b) Observe os verbos **gostar** e **adorar** nos quadrinhos abaixo.

NÃO É POSSÍVEL!

VOCÊ NÃO GOSTA DE NADA?

VIU SÓ? A MAGALI ESTÁ ADORANDO A SUA COMIDA!

É VERDADE!

CHOMP!

CHOMP!

◆ Que verbo é o antônimo de **detestar** (isto é, tem sentido oposto ao de **detestar**): **gostar** ou **adorar**?

_____

2 Releia ao lado uma fala do gigante.

a) Qual das palavras abaixo é sinônimo de "prove" nessa fala (isto é, tem sentido igual ou semelhante ao de "prove")?

☐ Comprove.

☐ Experimente.

PROVE UM PEDAÇO DESTA COXA DE FRANGO!

b) A palavra que você marcou também é sinônimo de "prove" na frase abaixo? Por quê?

Faça o teste e prove que você entende tudo de HQ!

167

1 Você gosta de cachorro? Tem ou já teve um cachorro como animal de estimação? Conte como é ou era sua relação com esse animal.

2 Será que os cães sempre viveram com os homens? Dê sua opinião.

3 O texto a seguir explica por que os cães vivem com as pessoas. Pela capa do livro de onde ele foi tirado (ao lado), que explicação você acha que será dada? Conte aos colegas e depois leia o texto silenciosamente.

Por que o cachorro foi morar com o homem

O cachorro, que todos dizem ser o melhor amigo do homem, vivia antigamente no meio do mato com seus primos, o chacal e o lobo.

Os três brincavam de correr pelas campinas sem fim, matavam a sede nos riachos e caçavam sempre juntos.

Mas, todos os anos, antes da estação das chuvas, os primos tinham dificuldades para encontrar o que comer. A vegetação e os rios secavam, fazendo com que os animais da floresta fugissem em busca de outras paragens.

Um dia, famintos e ofegantes, os três, com as línguas de fora por causa do forte calor, sentaram-se à sombra de uma árvore para tomarem uma decisão.

– Precisamos mandar alguém à aldeia dos homens para apanhar um pouco de fogo – disse o lobo.

– Fogo? – perguntou o cachorro.

– Para queimar o capim e comer gafanhotos assados – respondeu o chacal com água na boca.

– E quem vai buscar o fogo? – tornou a perguntar o cachorro.

– Você! – responderam o lobo e o chacal, ao mesmo tempo, apontando para o cão.

De acordo com a tradição africana, o cão, que era mais novo, não teve outro jeito, pois não podia desobedecer a uma ordem dos mais velhos. Ele ia ter que fazer a cansativa jornada até a aldeia, enquanto o lobo e o chacal ficavam dormindo numa boa.

O cachorro correu e correu até alcançar o cercado de espinhos e paus pontudos que protegia a aldeia dos ataques dos leões. Anoitecia, e das cabanas saía um cheiro gostoso. O cachorro entrou numa delas e viu uma mulher dando de comer a uma criança. Cansado, resolveu sentar e esperar a mulher se distrair para ele pegar um tição.

Uma panela de mingau de milho fumegava sobre uma fogueira. Dali, a mulher, sem se importar com a presença do cão, tirava pequenas porções e as passava para uma tigela de barro.

Quando terminou de alimentar o filho, ela raspou o vasilhame e jogou o resto do mingau para o cão. O bicho, esfomeado, devorou tudo e adorou. Enquanto comia, a criança se aproximou e acariciou o seu pelo. Então, o cão disse para si mesmo:

– Eu é que não volto mais para a floresta. O lobo e o chacal vivem me dando ordens. Aqui não falta comida e as pessoas gostam de mim. De hoje em diante vou morar com os homens e ajudá-los a tomar conta de suas casas.

E foi assim que o cachorro passou a viver junto aos homens. E é por causa disso que o lobo e o chacal ficam uivando na floresta, chamando pelo primo fujão.

Rogério Andrade Barbosa. *Histórias africanas para contar e recontar*. São Paulo: Editora do Brasil, 2008. p. 25-27.

Evandro Marenda

Glossário

Chacal: animal da mesma família do cão e parecido com a raposa.

Ofegante: com a respiração acelerada; exausto.

Tição: pedaço de lenha acesa ou meio queimada.

Quem escreveu?

Luciane Stochero/Arquivo pessoal

Rogério Andrade Barbosa nasceu em Campo Belo, Minas Gerais, mas vive no Rio de Janeiro, estado do Rio de Janeiro. É professor, contador de histórias e escritor, e seus livros já receberam muitos prêmios. Foi professor em um país da África chamado Guiné-Bissau.

1 O que você pensou sobre o texto antes da leitura se confirmou? Explique.

2 Converse com os colegas sobre as questões a seguir.

a) Quem é o personagem principal da história, aquele que participa da maior parte das ações?

b) Quem são os outros personagens, os personagens secundários?

c) Onde e quando se passa a história?

d) Que palavra do primeiro parágrafo indica a época da narrativa?

3 No terceiro parágrafo do texto, "paragens" quer dizer:

☐ florestas.

☐ paradas, lugares para ficar.

4 Releia esta fala do lobo.

– Precisamos mandar alguém à aldeia dos homens para apanhar um pouco de fogo – disse o lobo.

Evandro Marenda

a) Para que o lobo, o chacal e o cão precisavam de fogo?

_____

_____

b) Quem decidiu que o cachorro deveria buscar o fogo?

_____

c) Circule no texto o trecho que comprova sua resposta anterior.

d) Converse com os colegas: Da hora em que o lobo e o chacal mandaram o cachorro à aldeia até o momento de o cão resolver ficar com os homens, quanto tempo você acha que se passou?

O texto "Por que o cachorro foi morar com o homem" é uma história curta e com poucos personagens; os acontecimentos se passam em poucos lugares e tudo se resolve em pouco tempo. As histórias que têm essas características são chamadas de **contos**.

5 Releia este trecho do conto.

Um dia, famintos e ofegantes, os três, com as línguas de fora por causa do forte calor, sentaram-se à sombra de uma árvore [...].

a) A expressão destacada indica:

☐ tempo.

☐ lugar.

b) No trecho abaixo, circule a palavra que indica o momento em que aconteciam os fatos.

O cachorro correu e correu até alcançar o cercado de espinhos e paus pontudos que protegia a aldeia dos ataques dos leões. Anoitecia, e das cabanas saía um cheiro gostoso. [...]

As expressões que indicam tempo ajudam o leitor a entender quando a história aconteceu e qual é a sequência dos acontecimentos.

6 Observe na página 168, a capa do livro do qual o conto foi tirado.

a) Qual é o título do livro?

_____

b) Quem é o autor?

_____

O conto "Por que o cachorro foi morar com o homem" é uma história tradicional africana. Recontada oralmente de uma pessoa a outra, já não se sabe quem a criou, por isso ela é classificada como **conto popular**. O escritor Rogério Andrade Barbosa pesquisou esse e outros contos populares e publicou-os em um livro.

7 Marque com um **X** o texto que resume corretamente o conto lido.

☐ Um cachorro vivia na mata com seus primos, o lobo e o chacal. Os três viviam muito bem, mas, todos os anos, antes da estação das chuvas, a vegetação e os rios secavam. Um dia, como estavam famintos, o cachorro se ofereceu para ir buscar comida na aldeia. Porém, chegando lá, uma mulher e seu filho não o deixaram mais voltar para a mata.

☐ Um cachorro vivia na mata com o lobo e o chacal, onde tinham água e alimento. Mas, todo ano, antes da estação das chuvas, os rios e a vegetação secavam, e os animais fugiam da floresta. Famintos e com sede, os três se reuniram, e o lobo e o chacal resolveram que o cachorro iria à aldeia conseguir fogo para eles cozinharem. Ele foi, mas, como foi bem recebido, resolveu ficar para sempre.

8 Relembre as partes das narrativas.

☐ Situação inicial (apresentação dos personagens, do lugar e do tempo)

☐ Surgimento da complicação

☐ Desenvolvimento (ações e acontecimentos)

☐ Clímax

☐ Desfecho

Evandro Marenda

◆ Com a ajuda do professor, circule com cores diferentes essas partes do conto nas páginas 168 e 169.

9 Observe.

Fala do personagem → – Precisamos mandar alguém à aldeia dos homens para apanhar um pouco de fogo – disse o lobo. ← Trecho do narrador

◆ No trecho abaixo, circule de **azul** as falas dos personagens e sublinhe de **verde** os trechos do narrador.

– Fogo? – perguntou o cachorro.

– Para queimar o capim e comer gafanhotos assados – respondeu o chacal com água na boca.

10 Releia este parágrafo.

De acordo com a tradição africana, o cão, que era mais novo, não teve outro jeito, pois não podia desobedecer a uma ordem dos mais velhos. Ele ia ter que fazer a cansativa jornada até a aldeia, enquanto o lobo e o chacal ficavam dormindo numa boa.

a) Nesse trecho se explica ao leitor uma tradição africana. Qual?

_____

_____

b) Converse com os colegas sobre as questões a seguir.

◆ No Brasil também existe essa tradição?

◆ Os mais velhos sempre estão certos ou os mais novos também podem manifestar sua opinião e propor suas ideias?

◆ De que forma mostramos respeito pelos idosos?

Aí vem história

Você vai ler na página 281 outro conto africano, que mostra a sabedoria de uma semente de milho que precisa brotar e crescer para servir de alimento. Vamos conhecer essa história?

Objeto direto

1 No conto popular que você leu, o cachorro entrou em uma cabana onde uma mulher estava dando comida ao filho.

Quando **terminou** de alimentar o filho, ela **raspou** o vasilhame e **jogou** o resto do mingau para o cão.

a) Observe os verbos destacados na frase. Eles indicam tempo:

⬜ passado. ⬜ presente. ⬜ futuro.

b) Esse tempo mostra que a história do cachorro já aconteceu, acontece ou ainda vai acontecer?

_____

_____

c) Circule na frase a expressão que indica o que a mulher raspou.

d) Sem a expressão que você circulou, o leitor entenderia o que a mulher fez? Por quê?

e) **Vasilhame** é o nome de qual destas imagens? Circule-a.

f) Se a palavra **vasilhame** é um nome, então ela é um

_____ (substantivo/adjetivo/verbo).

2 Releia esta fala do cachorro.

– E quem vai buscar o fogo? – tornou a perguntar o cachorro.

a) Na fala do cachorro, que expressão indica o que um dos personagens teria de buscar na aldeia?

☐ E quem.   ☐ Vai buscar.   ☐ O fogo.

b) Se o cachorro não tivesse usado essa expressão, o lobo e o chacal entenderiam a pergunta dele? Explique.

c) A palavra "fogo" é substantivo, adjetivo ou verbo? Conte aos colegas como você pensou para responder.

3 Observe a capa de um livro e leia o título dele.

a) Que substantivo foi usado para o leitor saber o que se buscava?

b) Sem esse substantivo, o sentido do verbo "buscar" ficaria completo?

Fui à fonte buscar água

Editora Positivo

4 Complete os trava-línguas escolhendo no quadro a expressão que complementa o sentido de cada verbo destacado.

> o leite   a aranha   a rã   a rolha

A rata **roeu** _____ da garrafa da rainha.

A babá **bebeu** _____ do bebê.

A aranha **arranha** _____. A rã **arranha** _____.

Domínio público.

◆ As palavras "leite", "aranha", "rã" e "rolha" são _____ (substantivos/adjetivos/verbos).

> Você já sabe que substantivos e verbos têm algumas funções nas frases e que o substantivo, por exemplo, pode ser o sujeito da frase.
> Além dessa função, o substantivo também pode ser o **objeto direto** da frase, ou seja, pode servir para completar o sentido de alguns verbos.

175

Intertextualidade: narrativa baseada em conto popular

Nesta unidade, você leu uma HQ inspirada no conto infantil "João e o pé de feijão". Agora é sua vez: você vai criar um conto com base no conto popular "Por que o cachorro foi viver com o homem".

Seu texto será uma nova história, mas com os mesmos personagens. Você vai contar o que acontece quando o cachorro, que já está morando na aldeia, recebe a visita do lobo e do chacal.

No final da atividade, a turma ajudará o professor a montar um livro com todas as produções para ser entregue à biblioteca.

Planejamento

Planeje o texto e anote as primeiras ideias em uma folha.

1. Comece com a **situação inicial**: conte ao leitor como era a vida do cachorro com os seres humanos.

   - Ele ficou morando com a mulher que lhe deu comida ou vivia com todos os habitantes da aldeia?

   - O cachorro ganhou um nome? Qual?

   - Em que ele ajudava as pessoas no dia a dia?

   - Ele estava gostando de morar na aldeia? Por quê?

2. Na continuação, apresente a **complicação**, que quebra a rotina do cachorro na aldeia: um dia, ele recebe a visita dos primos.

   - O que o lobo e o chacal queriam com o cachorro? Apenas estavam com saudade dele ou queriam que o cão voltasse para a mata com eles?

   - Estavam bravos ou tristes?

3. Invente o **desenvolvimento** da história (com novos personagens, se quiser), o **clímax** e o **desfecho**.

   - Como o cachorro resolveu a situação para poder continuar na aldeia?

   - Ele correu algum perigo? Houve algum momento emocionante?

   - Desde então, como é a vida do cachorro na aldeia?

Rascunho

1. Faça a primeira versão do conto em outra folha.
2. Escreva um ou dois parágrafos para cada parte: situação inicial, complicação, desenvolvimento, clímax e desfecho.
3. Crie um título para o conto.

Revisão

1. Releia o conto.
   - Ele tem os mesmos personagens e se passa nos mesmos lugares que o conto "Por que o cachorro foi morar com o homem"?
   - Você narrou o que acontece quando o cachorro recebe a visita do lobo e do chacal na aldeia?
   - Há situação inicial, complicação, desenvolvimento, clímax e desfecho?
   - O texto está organizado em parágrafos?
   - Você usou os sinais de pontuação que conhece no fim das frases?
   - Se há falas de personagem, você as iniciou com travessão?
   - Nas frases, você combinou o verbo com o sujeito quanto ao singular e ao plural?
2. Refaça o que for preciso e mostre a produção ao professor.
3. Depois da leitura dele, passe o conto a limpo, ilustre-o e assine a produção.

Montagem do livro

Ajude o professor a montar o livro. É preciso:
- fazer uma cópia do conto popular "Por que o cachorro foi morar com o homem" e juntar a ele os contos da turma;
- numerar as páginas;
- escrever, antes do primeiro conto, um sumário com o número da página de cada conto;
- fazer a capa com o nome do livro, uma imagem que represente as histórias, a identificação da turma e o nome do professor.

O livro pode circular entre vocês e, depois, ser doado à biblioteca.

Wilson Jorge Filho

1 Leia a tirinha a seguir.

Fernando Gonsales. *Cadê o ratinho do titio?* São Paulo: Devir, 2011. p. 26.

a) Você reconheceu os personagens? A que outra história eles pertencem?

_____

b) Converse com os colegas sobre semelhanças e diferenças entre a tirinha e o conto no qual ela se baseia.

c) Qual é a intenção do lobo ao levar uma *pizza* para os porquinhos?

_____

_____

d) O que quer dizer a palavra "peraí"?

_____

e) Essa palavra reproduz uma forma de falar comum:

☐ nas conversas informais do dia a dia.

☐ nas situações formais e cerimoniosas.

f) O que acontece no final? O lobo realiza seu plano? Explique.

2 Releia este trecho da fala do lobo.

Quando os porquinhos abrirem a porta [...]

a) Quantos substantivos (nomes) há nessa frase? Quais são eles?

_____

b) Que palavra dessa frase é um verbo? Explique oralmente por que você deu essa resposta.

_____

c) A quem o verbo se refere, ou seja, qual é o sujeito da frase?

☐ Os porquinhos.   ☐ A porta.

d) A expressão que complementa o sentido do verbo, ou seja, o objeto direto, é:

☐ os porquinhos.   ☐ a porta.

3 Complete cada título de reportagem com um dos substantivos do quadro. Fique atento ao sentido das frases.

> galo   cachorro   gato

a) **Por que o** _____ **pega a ração do pote pra comer longe?**

Disponível em: <tudosobrecachorros.com.br/por-que-o-cachorro-pega-racao-pote-pra-comer-longe/>.
Acesso em: 12 jun. 2019.

b) **Por que o** _____ **cai sempre em pé?**

Disponível em: <www.oieduca.com.br/artigos/voce-sabia/por-que-o-gato-cai-sempre-em-pe.html>.
Acesso em: 12 jun. 2019.

c) **Por que o** _____ **canta quando amanhece?**

Disponível em: <www.ebc.com.br/infantil/voce-sabia/2016/03/por-que-o-galo-canta-quando-amanhece>.
Acesso em: 12 jun. 2019.

4 Nos títulos de reportagem da atividade 3, os substantivos que você escreveu têm a função de:

☐ sujeito. ☐ predicado. ☐ objeto direto.

5 Observe de novo o começo da tirinha da página 178. Preste atenção na palavra que aparece fora do balão de fala.

a) Essa palavra é uma onomatopeia. Que som ela imita?

_____

b) Que som as onomatopeias abaixo imitam?

ZZZZ...   NHAC!   SMACK!

Ilustrações: Bruna Ishihara

_____   _____   _____

_____   _____   _____

6 Encontre e circule no diagrama o antônimo dos verbos abaixo, que podem estar na horizontal ou na vertical.

> acordar   descer   entrar   fazer   fechar   pôr

A	D	O	R	M	E	C	E	R	M	O	S	O
R	E	W	O	Ç	R	A	N	A	T	U	I	R
T	S	A	I	R	T	R	I	T	A	R	R	N
R	F	Z	E	R	G	J	U	I	B	L	U	I
E	A	J	C	R	O	F	O	R	A	M	O	M
I	Z	I	Q	U	A	Q	I	A	B	R	I	R
B	E	E	L	H	O	R	A	R	G	H	I	X
G	R	U	S	U	B	I	R	D	U	I	D	O

Livros

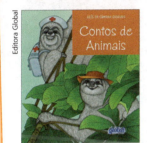

Editora Global

▶ **Contos de animais**, de Luís da Câmara Cascudo. São Paulo: Global, 2013.

Esse livro traz 14 contos populares brasileiros recolhidos e registrados pelo pesquisador de folclore Luís da Câmara Cascudo. São histórias bem-humoradas que permitem conhecer um pouco melhor a tradição popular de nosso país.

▶ **Histórias de bobos, bocós, burraldos e paspalhões**, de Ricardo Azevedo. São Paulo: Ática, 2010.

Os contos desse livro são baseados em histórias da cultura popular brasileira. Todos eles têm em comum o herói, que é sempre algum sujeito tolo e confuso, que vive atrapalhado, sendo passado para trás pelos espertos e provocando riso, mas que no final, meio sem querer, acaba se dando bem.

Editora Ática

Companhia das Letrinhas

▶ **Joões e Marias**, de José Roberto Torero. São Paulo: Companhia das Letrinhas, 2017.

Muitas crianças já sonharam com a famosa casa de doces e guloseimas do conto infantil "João e Maria". Mas... e se ela fosse feita de legumes? Ou de frutas? Ou de picolés? Em "Joões e Marias", o leitor encontra outros modos de contar essa história. Há versões para todos os gostos, e cada uma tem um sabor especial.

Filme

DreamWorks /Paramount Pictures

▶ **A origem dos guardiões**. Direção de Peter Ramsey. Estados Unidos: Paramount Pictures, 2012, 97 min.

Nesse filme, Papai Noel, Coelhinho da Páscoa e outros personagens formam uma equipe para proteger a infância de todas as crianças.

Boa viagem!

- Observe a imagem e descreva o que vê.
- Você já fez uma viagem ou um passeio que tenha sido marcante? Se fez, conte aos colegas como foi, relatando os fatos na ordem em que aconteceram, ou seja, do começo para o fim.

Bruna Assis

Fazendo a mala

Vamos ver se sua memória anda boa?

Observe atentamente a ilustração abaixo e tente memorizar cada item que será colocado na mala – o professor marcará um tempo para isso. Depois, a um sinal dele, todos devem fechar o livro e anotar, em uma folha de papel, o nome de cada objeto, roupa ou calçado de que conseguirem se lembrar. Vamos lá?

Ilustrações: Marcos Machado

1 E então? Como está sua memória? Se quiser, olhe de novo a ilustração e faça outras tentativas de lembrar-se de tudo.

2 Agora que viu o que será colocado na mala, quem você acha que vai viajar e para onde é a viagem?

O texto a seguir é um trecho de um texto dramático sobre um menino que sai à procura de seu barquinho de papel. Leia-o e observe como está organizado nas páginas e como o nome de cada personagem aparece.

Simone Matias

A viagem de um barquinho
Peça teatral

PERSONAGENS
LAVADEIRA
MENINO
SOL
CAVALEIRO VERDE
CAVALEIRO AZUL
SAPO
PIRILAMPO
PERSONAGEM
DO SONHO
BARCO DE PAPEL
FADA-PRINCESA
VOZ DO MINICASSETE
BONECO MANEQUINHO

CENÁRIO
UM LUGAR TODO BRANCO.
APARECE UMA LAVADEIRA TODA
DE BRANCO.
ELA VEM COM UMA TROUXA À CABEÇA.
COMEÇA A PREPARAR A ROUPA PARA LAVAR. TODA A ROUPA
TAMBÉM É BRANCA.

LAVADEIRA   Vim lavar a minha roupa neste lugar. Minha roupa
é branca, o lugar também é branco... Eu não vejo nem um tiquinho de
azul, cor de água de rio, ou de lagoa, para lavar a minha roupa... Como
é que vai ser?

LAVADEIRA PROCURA ÁGUA.

LAVADEIRA   Tudo branco, eu preciso muito de um pouco de
água azul! Esperem aí, eu volto já. (SAI CORRENDO. VOLTA, EM
SEGUIDA, COM UM LONGUÍSSIMO PEDAÇO DE PANO AZUL.)

LAVADEIRA   Pronto. Eu trouxe um segredo... Eu trouxe um segredo de verdade. Isto aqui (MOSTRA O PANO) é um rio de água azul. Um rio de brinquedo! Vou estender o meu rio em voltas e voltinhas... até lá longe... lá longe, onde acabam os rios!

> Vim lavar a minha roupa
> com água pura e sabão
> neste rio de brinquedo
> que eu estendo neste chão!
> Como a água está gelada! Atchim!
> Vou acabar resfriada! Atchim!

LAVADEIRA COMEÇA A LAVAR A ROUPA, CANTANDO.

LAVADEIRA   Lava, lava, lava, lavadeira,
Lavar roupa é boa brincadeira! (BIS)

VAI MOSTRANDO AS ROUPAS, ENQUANTO AS LAVA.

[...]

APARECE UM MENINO, MUITO AFLITO, CHORANDO MUITO.

LAVADEIRA   Menino, o que é isso? Você caiu?

MENINO   Não caí não!

LAVADEIRA   Você está com dor de barriga, unha encravada, espinho no pé?

MENINO   Não estou com dor de barriga, nem unha encravada, nem espinho no pé! (CONTINUA A CHORAR.)

LAVADEIRA   Então, você não tem motivo para chorar!

MENINO   Tenho!

LAVADEIRA   Diga logo o que é, menino!

MENINO   Ele foi embora... ele fugiu!

LAVADEIRA   Quem foi que fugiu?

MENINO   O meu amigo... O meu amigo Barco de Papel...

LAVADEIRA   Você tinha um amigo Barco de Papel?

MENINO   Eu fiz um barco de papel... todos os dias, ele brincava comigo... era o meu único brinquedo... Ele era o meu navio, eu era o seu marinheiro...

LAVADEIRA   Que bonito! E o que foi que aconteceu?

MENINO   Ele fugiu!

[...]

MENINO   Eu queria tanto encontrar o meu barquinho! Você, que é lavadeira, que conhece água e rios, não quer vir comigo?

LAVADEIRA   Está certo. Mas, antes, eu vou entregar a roupa, está bem?

MENINO   Muito obrigado!

[...]

LAVADEIRA   Falta eu me despedir da minha casa e buscar a mala. Volto já. (SAI)

Simone Matias

MENINO   Será que a gente vai encontrar o meu barquinho? Será que o mar é muito cheio de perigos? (SUSPIRA E ESPERA, AFLITO, A VOLTA DA LAVADEIRA)

OUVE-SE BARULHO DE BUZINA. APARECE A LAVADEIRA EMPURRANDO UM CARRINHO FANTÁSTICO, CHEIO DE LOUCURAS. NO ALTO DO CARRINHO, UM ENORME BOLO DE ANIVERSÁRIO, BOLAS COLORIDAS, QUINQUILHARIAS. DO LADO, UMA BUZINA ANTIGA.

[...]

MENINO   Vamos! Vamos viajar!

NO FUNDO BRANCO, A LAVADEIRA E O MENINO COMEÇAM A DESENHAR A PAISAGEM, ENQUANTO VIAJAM.

LAVADEIRA   Veja que linda árvore!

MENINO   Puxa! O caminho do rio é cheio de flores! (DESENHA FLORES.) Como é linda a viagem!

[...]

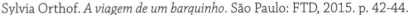

Sylvia Orthof. *A viagem de um barquinho*. São Paulo: FTD, 2015. p. 42-44.

Simone Matias

Luludi/Estadão Conteúdo/AE

Quem escreveu?

Sylvia Orthof (1932-1997) nasceu na cidade do Rio de Janeiro, no estado do Rio de Janeiro. Quando jovem, estudou teatro, mímica, desenho e pintura na França e, de volta ao Brasil, trabalhou como atriz. Ela escreveu livros e peças de teatro para crianças e adolescentes, e suas obras receberam diversos prêmios.

Glossário

Minicassete: pequeno gravador magnético portátil que grava em fita cassete.

1 "A viagem de um barquinho" é um texto dramático.

a) Pelas informações no começo do texto, quantos personagens há nessa peça?

_____

_____

b) Quais deles aparecem no trecho do texto que você leu?

_____

2 Releia o trecho que vem depois da lista de personagens.

CENÁRIO

UM LUGAR TODO BRANCO. APARECE UMA LAVADEIRA TODA DE BRANCO. ELA VEM COM UMA TROUXA À CABEÇA. COMEÇA A PREPARAR A ROUPA PARA LAVAR. TODA A ROUPA TAMBÉM É BRANCA.

Assinale as respostas certas. Esse trecho indica:

☐ como deve ser o cenário no começo da peça;

☐ quem é a primeira personagem a entrar no palco;

☐ como essa personagem deve estar vestida;

☐ o que ela deve dizer à plateia;

☐ o que ela deve estar segurando.

O **texto dramático** é escrito para ser encenado, por isso ele tem informações sobre os personagens e o cenário. Essas informações são importantes para quem participa da montagem da peça, como os atores, o diretor, o responsável pelo cenário etc.

3 Releia este outro trecho.

LAVADEIRA   Vim lavar a minha roupa neste lugar. Minha roupa é branca, o lugar também é branco... Eu não vejo nem um tiquinho de azul, cor de água de rio, ou de lagoa, para lavar a minha roupa... Como é que vai ser?

a) Por que a palavra "lavadeira" aparece no começo desse trecho?

_____

_____

b) Essa palavra foi escrita com letras:

☐ minúsculas.   ☐ maiúsculas.

c) Por que, em sua opinião, ela foi escrita assim?

4 No trecho da questão 3, qual palavra a lavadeira usa para dizer que não vê nem um **pouquinho** de azul? Circule-a.

5 A lavadeira não achou água para lavar a roupa. Releia esta fala da personagem e explique com suas palavras como ela resolveu isso.

LAVADEIRA   Pronto. Eu trouxe um segredo... Eu trouxe um segredo de verdade. Isto aqui (MOSTRA O PANO) é um rio de água azul. Um rio de brinquedo! Vou estender o meu rio em voltas e voltinhas... até lá longe... lá longe, onde acabam os rios!

Simone Matias

_____

_____

_____

6 Circule na fala da lavadeira transcrita na atividade 5 um trecho escrito com letras maiúsculas.

◆ Esse trecho indica que:

☐ a atriz deve mostrar o pano à plateia.

☐ ela deve dizer "MOSTRA O PANO".

> Para o ator saber que gestos deve fazer, como deve falar e se movimentar no palco, que sentimento deve expressar etc., são dadas instruções no texto dramático: as **rubricas**.
>
> As rubricas também podem dar orientações sobre o cenário e geralmente são escritas com uma letra diferente da que é usada nas falas dos personagens.

7 Enquanto a lavadeira lava a roupa, aparece um menino.

a) Circule no texto o trecho que indica o momento em que ele entra em cena.

b) Por que o menino estava chorando?

_____

_____

c) O que ele pediu à lavadeira?

_____

_____

8 A lavadeira saiu para buscar a mala e voltou com um carrinho fantástico. Releia a descrição dele na página 188.

◆ Pelo sentido do texto, o que quer dizer a palavra "quinquilharia"?

_____

_____

9 Pela descrição do carrinho da lavadeira, imagine como ele é e desenhe-o.

10 Releia a última fala do menino na página 188.

a) Que sentimento do personagem se percebe nessa fala?

_____

b) Marque com um **X** os elementos que ajudam a expressar esse sentimento:

☐ a palavra "puxa";

☐ a palavra "menino" escrita com letras maiúsculas;

☐ o ponto de exclamação no final de cada frase.

11 Como você imagina que a história continua?

12 Forme dupla com um colega e façam uma leitura dramatizada do texto. Prestem atenção nas rubricas, leiam com a entonação adequada e modifiquem a voz para mostrar alegria, espanto, tristeza, choro etc. Façam também expressões faciais e gestos que demonstrem os sentimentos dos personagens.

Ferramentas de formatação

Os programas de edição de texto disponibilizam ferramentas para mudar o formato, o tamanho e a cor das letras, entre outros recursos.

É possível destacar as palavras com **negrito**, *itálico*, <u>sublinhado</u>, usar diferentes **cores**, tamanhOS e TiPologIas.

O acesso a esses recursos fica, em geral, no alto da tela, na **barra de ferramentas de formatação**.

Observe os botões que representam esses comandos – a barra de ferramentas muda um pouco conforme o programa, mas os botões costumam ser parecidos.

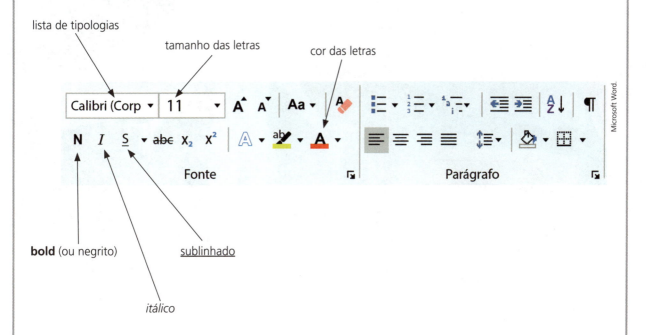

Microsoft Word.

1 Para explorar essas e outras ferramentas, digite os nomes abaixo e use os recursos do programa para mostrar visualmente características ligadas a cada nome.

alegria   tristeza   amor   velocidade

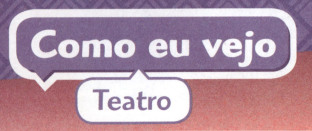

Como eu vejo

Teatro

Você já viu algumas características dos textos dramáticos. Agora conhecerá outros elementos de uma peça de teatro.

Recorte da página 319 uma roupa e um adereço de cabeça e monte, como quiser, o figurino do personagem que está no palco. Depois pinte o rosto dele.

Os **atores** dizem as falas e representam as ações dos personagens.

Plateia é o público que assiste à peça.

O **diretor** ou a **diretora** organiza todos os elementos para que a peça aconteça.

A **iluminação** destaca ou esconde elementos da cena.

O **figurino** de uma peça são as roupas e os adereços que os atores usam em cena.

A **maquiagem** acentua as características dos personagens.

Os objetos que compõem a cena formam o **cenário**.

1. Além da linguagem das palavras, que linguagens são usadas em uma peça teatral?

2. Nos próximos dias, faça um exercício de ator. Diante do espelho, simule diferentes emoções: alegria, tristeza, raiva, dúvida etc. Depois conte aos colegas como se saiu.

Como eu transformo

Diversidade em cena

O que vamos fazer?

Criar cenas teatrais.

Com quem fazer?

Com os colegas e o professor.

Para que fazer?

Para incentivar o respeito às diferentes formas de viver e de falar.

Como fazer?

1 Entreviste um familiar ou amigo que tenha vindo de outra cidade ou outro país e peça que conte como são os costumes e as formas de falar nesse lugar. Se preferir, entreviste uma pessoa mais velha, para que ela fale sobre os costumes e as expressões de antigamente.

Marcos Machado

2 Peça ao entrevistado que relate também alguma situação vivenciada por ele que mostre como as pessoas convivem com costumes e modos de falar diferentes dos delas.

3 Anote ou grave o que o entrevistado contar.

4 Forme um grupo com alguns colegas, compartilhe com eles as informações que conseguiu e, juntos, escolham uma das situações relatadas para ser encenada.

5 Siga as orientações do professor para montar a cena e, no dia combinado, apresente-se com seu grupo aos colegas e aos outros convidados.

O que você aprendeu ao fazer essa atividade? O que achou de colocar-se no lugar de outra pessoa durante a encenação?

Pronomes possessivos

1 Releia esta fala tirada de "A viagem do barquinho de papel".

MENINO   Eu fiz um barco de papel... todos os dias, ele brincava comigo... era o **meu** único brinquedo... Ele era o **meu** navio [...]

a) Nessa fala, a palavra "meu" dá ideia de:

◻ tempo.   ◻ lugar.   ◻ posse.

b) E na fala da lavadeira, abaixo, que palavra também expressa essa ideia? Circule-a.

LAVADEIRA   Vim lavar a minha roupa neste lugar.

c) Leia a fala da lavadeira sem essa palavra. Você a entenderia da mesma forma? Explique.

2 Leia esta tira, em que Calvin conversa com o tigre Haroldo.

Bill Watterson.

a) Que palavra no primeiro balão indica que Haroldo está falando sobre a mãe de Calvin? Circule-a.

b) Seria possível entender a fala dele sem essa palavra? Por quê?

c) E se Haroldo estivesse falando de sua própria mãe, como a frase ficaria?

Palavras como as que você identificou nas atividades 1 e 2 indicam que algo pertence a alguém; elas dão ideia de posse. Essas palavras são os pronomes possessivos. São pronomes possessivos: **meu(s)**, **minha(s)**, **teu(s)**, **tua(s)**, **seu(s)**, **sua(s)**, **nosso(s)**, **nossa(s)**.

3 Leia a letra da cantiga "O meu chapéu tem três pontas" e, depois, cante-a com os colegas e o professor.

O meu chapéu tem três pontas,
Tem três pontas o meu chapéu.
Se não tivesse as três pontas,
Não seria o meu chapéu.

Domínio público.

Evandro Marenda

a) O pronome possessivo "meu" indica que o chapéu é de quem?

_____

b) Sublinhe esse pronome toda vez que ele aparece no texto.

c) Leia alto as palavras "meu" e "chapéu". O que é parecido e o que é diferente no som e na grafia dessas palavras?

d) A semelhança de sons entre "meu" e "chapéu":

☐ torna a letra da cantiga difícil de pronunciar.

☐ ajuda a criar uma sonoridade agradável.

e) Complete as frases com o pronome possessivo adequado a cada situação.

◆ Duas pessoas falam do chapéu delas:

Os _____ chapéus têm três pontas.

◆ Uma pessoa fala dos dois chapéus que ela tem:

Os _____ chapéus têm três pontas.

Anúncio

O próximo texto é um anúncio postado pela Prefeitura de Aracaju – capital do estado de Sergipe – em sua página em uma rede social. Qual será o objetivo da postagem? Leia-a para saber.

Prefeitura Municipal de Aracaju

Glossário

Atalaia Nova: certa praia de Aracaju.

Rua da Frente: nome pelo qual uma avenida de Sergipe é conhecida.

Prefeitura de Aracaju. Disponível em: <https://pt-br.facebook.com/prefaracaju/photos/a.17511547 9276545.38596.173636842757 742/1325929897528425/?type =3&hc_ref=PAGES_TIMELINE>. Acesso em: 2 jun. 2019.

1 Conforme a postagem da Prefeitura de Aracaju, o que é um "tototó"?

_____

_____

2 Durante muito tempo, os tototós foram usados como meio de transporte em Aracaju.

Devido à necessidade de agilizar a locomoção, um canoeiro teve a ideia de motorizar um barco. Assim surgiram os tototós, nome que remete ao barulho gerado pelo motor da embarcação.

Tototós: embarque nessa história. *Tour+ Aracaju.*
Disponível em: <http://tourmaisaracaju.com/2017/08/26/tototos/> Acesso em: 2 jun. 2019.

◆ Por que os "tototós" têm esse nome?

_____

_____

3 Releia uma das frases do anúncio e um trecho da postagem.

> Aracaju não tem acento.

> Mas se ligue só, tototó [...] tem acento, viu?! Pode ser que não tenha é assento na hora, mas aí você espera e pega outro.

a) Consulte o dicionário e ligue cada palavra a seu significado.

acento	Lugar em que se pode sentar.
assento	Sinal que se coloca sobre uma vogal para mostrar que aquela sílaba é pronunciada com mais força.

b) Há diferença de pronúncia entre "acento" e "assento"?

☐ Sim.   ☐ Não.

c) Converse com os colegas sobre o jogo de palavras feito no anúncio com "acento" e "assento" e escreva o que concluírem.

_____

_____

_____

d) Na linguagem virtual, o que quer dizer o *emoji*? 😂 Facebook Inc.

☐ Rindo.   ☐ Chorando.   ☐ Chorando de rir.

e) Na Unidade 3, você aprendeu a lição do acento gráfico que se coloca em algumas palavras oxítonas. Observe qual sílaba de Aracaju é pronunciada com mais força, ou seja, com mais intensidade, e explique por que essa palavra não tem acento gráfico.

4 Atualmente os tototós são usados apenas para passeios turísticos. Sabendo disso, qual, em sua opinião, é o objetivo de dizer que Aracaju tem tototó?

☐ Influenciar as pessoas a visitar Aracaju.

☐ Mostrar a acentuação correta de "tototó".

Jorge Henrique/Futura Press

▶ Tototós, transporte aquático coletivo, no Rio Sergipe.

Os anúncios podem ter diferentes objetivos: alguns fazem parte de campanhas de conscientização, outros oferecem produtos e outros, ainda, buscam convencer o leitor a fazer turismo em certos lugares. Este último tipo é chamado de **anúncio turístico**.

5 O que você achou da imagem, da cor e das letras usadas no anúncio turístico lido? Elas ajudam a despertar no leitor a vontade de viajar para Aracaju? Justifique sua resposta.

> Nos anúncios turísticos, geralmente a imagem destaca alguma atração do destino que se convida o leitor a conhecer.

6 Releia o início do texto postado com o anúncio.

a) O que é sentir-se nostálgico? O *emoji* 🙂 representa esse sentimento?

b) A que barulhinho o texto se refere?

_____

_____

7 Releia este trecho e converse com os colegas:

Mas se ligue só, tototó – melhor meio de transporte que você respeita para atravessar o rio Sergipe – tem acento, viu?! Pode ser que não tenha é assento na hora, mas aí você espera e pega outro. 😂

a) O que quer dizer a expressão "se ligue só"?

_____

b) Você a conhecia? Ela é usada em sua região?

c) Essa expressão é mais comum na fala do dia a dia. Que outra expressão no trecho acima também é própria das conversas espontâneas?

d) E a palavra "tototó", você conhecia?

> Algumas palavras e expressões são usadas apenas em determinadas regiões, como **tototó**, por exemplo, que é mais conhecida pelos moradores de Aracaju. Dizemos que essas palavras e expressões são **regionalismos**.

Imagens: Facebook Inc.

Pronomes demonstrativos

Glossário

Mesada: quantia que os filhos podem receber mensalmente dos pais.

1 Leia esta tirinha com Cascão e Marcelinho, um menino que gosta muito de economizar.

Mauricio de Sousa.

a) No segundo quadrinho, Cascão faz uma pergunta a Marcelinho. Que resposta você acha que ele esperava?

_____

_____

b) No último quadrinho, como Cascão parece estar se sentindo?

_____

c) Por que ele se sentiu assim?

_____

_____

_____

d) O que você achou da atitude de Marcelinho de economizar para comprar algo que queria? Converse com os colegas sobre isso. Na sua vez de falar, diga o que pensa e, enquanto os colegas falam, ouça-os com atenção.

2 No final da tirinha da atividade 1, Marcelinho mostra a chuteira nova a Cascão.

a) Que palavra indica de qual chuteira Marcelinho está falando? Circule-a na tirinha.

b) Se Marcelinho tivesse comprado um sapato em vez de uma chuteira, que palavra usaria no lugar de "esta"?

☐ Este.   ☐ Aquela.

> As palavras **este** e **esta** são chamadas de **pronomes demonstrativos**. Elas situam seres e coisas em relação às pessoas que participam da situação de comunicação (quem fala, com quem fala, de quem se fala).
>
> Os pronomes demonstrativos podem aparecer junto de um substantivo ou ser usados no lugar do substantivo. Observe.
>
> <u>Esta</u> chuteira é de Marcelinho. <u>Essa</u> é do Cascão.
>
> ↓   ↓
>
> refere-se ao substantivo **chuteira**   substitui o substantivo **chuteira**

3 Leia a quadrinha e observe o pronome demonstrativo **aquela**.

Como vem **aquela** nuvem
com vontade de chover,
como vem o meu benzinho
com vontade de me ver.

Domínio público.

Evandro Marenda

a) Esse pronome demonstrativo indica que a nuvem está perto ou longe da pessoa que fala na quadrinha?

_____

b) Se a nuvem estivesse perto, que outro pronome demonstrativo poderia ser usado no lugar de "aquela"?

_____

4 Leia a tirinha com os personagens Maluquinho e Julieta.

Ziraldo.

a) Com o que Julieta ficou admirada?

_____

_____

b) No primeiro quadrinho, Julieta usa um pronome demonstrativo para se referir aos presentes. Circule-o.

c) Copie o pronome demonstrativo que o Maluquinho usa para mostrar o presente do qual não gostou.

_____

d) Por que ele não gostou desse presente?

_____

_____

e) O que a onomatopeia "argh" quer dizer na tirinha?

_____

> Os pronomes demonstrativos são: **este(s)**, **esta(s)**, **isto**, **esse(s)**, **essa(s)**, **isso**, **aquele(s)**, **aquela(s)**, **aquilo**.

G ou gu?

1 Releia este trecho de "A viagem de um barquinho".

Vim lavar a minha roupa neste lugar. Minha roupa é branca, o lugar também é branco... Eu não vejo nem um tiquinho de azul, cor de água de rio, ou de lagoa, para lavar a minha roupa... Como é que vai ser?

a) Circule no texto as palavras que têm a letra **g**.

b) Escreva cinco palavras em que a letra **g** tenha o mesmo som que nas palavras que você circulou. Se precisar, pesquise as palavras neste livro, no dicionário ou em jornais e revistas.

_____

_____

2 Faça um traço no caminho que vai do barco à ilha. Atenção: para achar o caminho certo, passe o lápis pelas palavras em que aparece o mesmo som do **g** de **lagoa**.

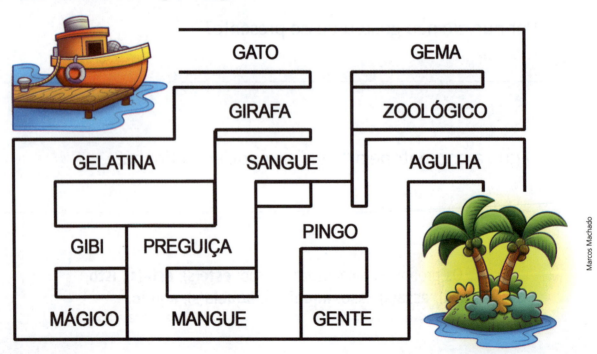

Marcos Machado

3 Copie as palavras do caminho traçado na atividade 2.

_____

_____

◆ Agora organize essas palavras no quadro conforme as letras que representam o som do **g** de **lagoa**.

SOM DO G DE LAGOA REPRESENTADO	
pela letra **g**	pelas letras **gu**

4 Conclua e complete: O som do **g** de lagoa pode ser representado:

◆ pela letra _____ antes de **a**, **o** e **u**;

◆ pelas letras _____ antes de **e** e **i**.

5 Complete as palavras de cada linha com **g** ou **gu**.

a) fo_____o, fo_____eira, fo_____inho, fo_____aréu

b) ami_____o, ami_____inho, ami_____ão, ami_____ável

6 Encontre e circule no diagrama quatro palavras escritas com **g** ou **gu**.

G	U	K	F	O	R	M	I	G	U	E	I	R	O	G	E	W
X	A	N	G	Y	T	Q	U	A	B	R	Z	A	L	A	G	O
Z	I	Ç	E	R	E	L	Â	M	P	A	G	O	R	E	L	G
G	U	W	S	K	L	O	I	X	P	Ç	G	U	E	B	L	Ç
P	E	S	S	E	G	U	E	I	R	O	A	N	G	I	K	E

Anúncio turístico

Nesta unidade, você leu um anúncio publicado em uma rede social incentivando o turismo em Aracaju, capital de Sergipe.

Para convencer o leitor a visitar a cidade, o anúncio mostra a fotografia de uma embarcação típica da região, o tototó.

Agora você criará um anúncio turístico para promover sua cidade e despertar nos leitores o interesse em conhecê-la. Ele será publicado no *site* da escola ou em uma rede social, na página da escola ou de um familiar.

Marcos Machado

Planejamento

Forme um grupo com alguns colegas e, juntos, planejem o anúncio levando em conta quem será seu leitor.

1. Assim como a Prefeitura de Aracaju destacou os tototós para atrair os visitantes, vocês pesquisarão algo que seja típico da cidade ou da região onde vivem para apresentar no anúncio. Pode ser uma paisagem, um bairro, uma festa popular e até algum produto agrícola, uma comida ou um tipo de artesanato.

2. Procurem em revistas, jornais e *sites* informações sobre a cidade ou a região que possam ser úteis para a produção do anúncio e anotem o que for mais interessante. Outra opção é conversar com moradores mais antigos, artesãos e artistas locais.

3. Contem ao professor o que descobriram sobre a cidade ou a região e, com a ajuda dele, definam que atração apresentarão no anúncio. Se necessário, façam uma nova pesquisa sobre essa atração.

4. Recortem ou imprimam imagens da atração turística.

Produção

Façam um rascunho do anúncio em uma folha.

1. Criem uma ou duas frases que chamem a atenção do leitor para a atração turística escolhida. Vocês podem fazer jogos de palavras, produzir frases com humor e até fazer rimas.

2. O anúncio pode ser elaborado à mão em uma folha de papel sulfite e, depois, digitalizado. Ou, se for possível, produzam-no no computador com um programa de edição de textos. Nesse caso, usem os recursos apresentados na seção **#Digital**.

3. As informações mais importantes devem ficar no centro ou no alto do anúncio, escritas com letras maiores. Da mesma forma, as imagens mais importantes devem ficar centralizadas.

4. O anúncio lido na página 199 tem um fundo colorido e vibrante que leva a imaginar Aracaju como uma cidade luminosa. No anúncio de vocês, usem as cores para mostrar as qualidades da cidade ou da região.

Revisão

1. Mostrem o rascunho a colegas de outro grupo para que observem:

Marcos Machado

   ◆ O texto é curto e combina com a imagem?

   ◆ O anúncio chama a atenção para a atração escolhida?

   ◆ A grafia das palavras e a pontuação estão corretas?

2. Refaçam o que for preciso e, após a leitura do professor, passem o anúncio a limpo, à mão ou com o programa de edição de textos.

3. Com a orientação do professor, divulguem o anúncio no *site* ou *blog* da escola, ou em redes sociais, na página da escola ou de familiares.

Aí vem história

Na página 283, conheça Toninho, que não enxerga com os olhos, mas percebe o mundo de um jeito especial. Ele fez uma viagem com o pai e o cachorro para conhecer o mar.

1 Leia esta tirinha com o personagem Xaxado.

Antonio Cedraz.

a) Converse com os colegas e o professor: Pelas roupas de Xaxado e pelo cenário, onde você imagina que se passa a cena?

_____

_____

b) Como o personagem parece estar se sentindo no primeiro quadrinho?

_____

c) Conte aos colegas o que você observou para dar essa resposta.

d) Que pronome demonstrativo foi usado no primeiro quadrinho?

_____

e) Nesse quadrinho, quando Xaxado diz "essa chuva", a que chuva ele se refere?

_____

_____

f) O sentido da fala do primeiro quadrinho seria o mesmo se o menino dissesse apenas "**A** chuva vem ou não vem??"?

2 Agora releia o segundo quadrinho da tirinha.

a) Xaxado diz que precisa ter mais cuidado com a força dos pedidos que faz. A que pedidos o menino se refere, isto é, que pedido ele havia feito?

_____

_____

b) Sublinhe o pronome possessivo usado no segundo quadrinho.

c) Se em vez de "pedidos" o personagem dissesse **vontades**, que pronome possessivo deveria usar?

☐ Aquelas.   ☐ Minhas.

3 Leia esta quadrinha.

Se este livro for perdido
e por acaso for achado
para ser bem conhecido
leva meu nome assinado.

Domínio público.

Evandro Marenda

a) Faça o que se pede:
  ◆ circule as palavras que rimam;
  ◆ pinte de **rosa** o pronome possessivo;
  ◆ pinte de **laranja** o pronome demonstrativo.

b) E se o substantivo "livro" fosse trocado por **agenda**, como ficaria o primeiro verso? Reescreva-o fazendo essa troca e as outras mudanças necessárias.

_____

c) Agora conte aos colegas quais mudanças você fez no verso e por que elas foram necessárias.

4 Leia este trecho de uma reportagem:

http://cultura.estadao.com.br/noticias/geral,plano-de-viagem,650252

As férias estão chegando, oba! E você já deve saber o que vai fazer. Mas para tornar esse período ainda mais legal, o Estadinho conversou com quatro crianças (e suas mães), especialistas em arrumar as malas e embarcar, para pegar dicas de como se divertir antes, durante e após a viagem.

Não interessa se é no Brasil ou em outro país. Mais do que o destino, o bacana é estar com a família e os amigos, e aproveitar tudo o que há de diferente [...].

Bob Thomas/ isitsharp /iStockphoto.com

Thais Caramico. Plano de viagem. *O Estado de S. Paulo*, 6 dez. 2010. Disponível em: <http://cultura.estadao.com.br/noticias/geral,plano-de-viagem,650252>. Acesso em: 2 jun. 2019.

a) O tema da reportagem é:

☐ diversões. ☐ viagens de férias. ☐ crianças.

b) A expressão "esse período" refere-se a quê?

_____

c) O uso da expressão "esse período" evitou a repetição de uma expressão que já havia aparecido no texto. Qual?

_____

d) "Esse" é um pronome:

☐ possessivo. ☐ demonstrativo.

e) Em "o Estadinho conversou com quatro crianças (e suas mães)", o pronome possessivo "suas" indica que o repórter do Estadinho conversou com a mãe de quem?

_____

Livros

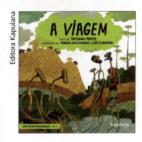

Editora Kapulana

▶ **A viagem**, de Tatiana Pinto. São Paulo: Kapulana, 2016.

Nesse conto resgatado da tradição oral moçambicana (Moçambique é um país da África onde se fala português), a personagem principal é Inaya, uma jovem corajosa que quer ser tratada da mesma forma que seus dois irmãos. Ela sai de sua aldeia para salvá-los em outra cidade e, no caminho, enfrenta desafios e perigos que mostrarão a todos seu valor e sua força.

▶ **Bia na Ásia**, de Ricardo Dreguer. São Paulo: Moderna, 2014.

O livro conta as experiências da menina Bia, que vai morar com a mãe por um ano no Japão e, antes, visita a Índia e a China. Nessa viagem, Bia conhece costumes e rituais diferentes dos nossos, além de fazer amizades inesquecíveis.

Editora Moderna

Editora Rocco

▶ **Espetinho de gafanhoto, nem pensar! – Diário de uma viagem à Tailândia e ao Vietnã**, de Daniela Chindler. Rio de Janeiro: Rocco, 2011.

Júlia e Luísa são inseparáveis e mal podem esperar pelas próximas férias para conhecer, ao lado da avó Rosa, as belezas e mistérios de dois países que ficam longe do Brasil, lá na Ásia: a Tailândia e o Vietnã. As ilustrações retratam de forma divertida a paisagem e o clima exótico dos lugares.

Filme

Walt Disney Animation Studios

▶ **Moana – Um mar de aventuras**. Direção de Ron Clements e John Musker. Estados Unidos: Walt Disney Animation Studios, 2017, 103 min.

Moana Waialiki é a corajosa filha do chefe de uma tribo na Oceania. Para conhecer melhor seu passado e ajudar a família, ela parte em busca de seus ancestrais, habitantes de uma ilha mítica que ninguém sabe onde fica. Acompanhada pelo semideus Maui, Moana enfrenta criaturas marinhas e descobre histórias do submundo.

Bruna Assis

- Qual é a relação entre a imagem e o título desta unidade?
- O que você entende por comunicação?
- A imagem destas páginas não contém palavras. Será que mesmo assim ela comunica algo? Conte aos colegas o que você pensa.

Telefone sem fio

Você já brincou de telefone sem fio? Nessa brincadeira, todos se sentam em círculo, e o primeiro participante diz uma frase ao ouvido da pessoa que está a seu lado. Essa pessoa repassa a frase para o próximo jogador, e assim por diante, até a frase chegar ao último jogador, que vai dizê-la, como a ouviu, em voz alta.

Você e seus colegas terão algumas surpresas e vão perceber que comunicar-se é essencial, mas exige atenção!

Camila Hortencio

1 Hoje muitas pessoas têm computadores, *tablets* e *smartphones* conectados à internet. Quando não havia essa tecnologia, como era a comunicação com quem estava longe?

2 O texto da página seguinte foi publicado em uma revista. Pelo título do texto, o que você imagina que vai ler?

Faça uma leitura silenciosa do texto, depois ouça a leitura do professor.

Artigo de divulgação científica

Como se orientam os pombos-correio?

A ciência tem várias hipóteses e nenhuma certeza. O que pouca gente sabe é que os pombos--correio só conhecem uma direção: o caminho de volta para casa. Eles podem ser soltos em pontos a 900 quilômetros de distância mas conseguem retornar ao local onde nasceram. "A explicação mais provável indica que essas aves têm um acúmulo de átomos de ferro no cérebro, que funciona como uma bússola natural", afirma o zoólogo Luiz Octávio Marcondes Machado, especialista em Ornitologia da Universidade Estadual de Campinas (Unicamp). Outros estudiosos sustentam que eles herdaram o sentido de orientação das aves migratórias. [...] Ninguém descarta, no entanto, o papel desempenhado por sua aguçada visão, que faz com que avistem um grão de milho a 200 metros de distância!

▶ Um pombo-correio.

Alguns pesquisadores, por fim, defendem que as aves usam como referência a posição do Sol, da Lua e das constelações. Embora o mistério não esteja decifrado, um fato é inegável: os pombos--correio são aves singulares. Constituem uma raça diferente dos pombos comuns: embora semelhantes visualmente, apresentam uma estrutura corporal mais avantajada que ajuda a explicar a incrível capacidade de voar até 800 quilômetros por dia a velocidades superiores a 100 km/h. [...].

Mundo Estranho, 19 ago. 2016. Disponível em: <https://super.abril.com.br/mundo-estranho/como-se-orientam-os-pombos-correio-2/>. Acesso em: 4 jun. 2019.

Glossário

Ave migratória: ave que periodicamente se desloca de uma região para outra.
Ornitologia: estudo das aves.

1 O que você havia pensado sobre o texto se confirmou? Por quê?

2 Releia estes trechos e marque as alternativas corretas.

> Ninguém descarta, no entanto, o papel desempenhado por **sua aguçada visão**, que faz com que avistem um grão de milho a 200 metros de distância!

a) Uma visão aguçada é uma visão:

☐ muito ruim.　　　　　☐ muito boa.

b) Na expressão "sua visão aguçada", o pronome possessivo "sua" indica que quem tem visão aguçada são:

☐ os estudiosos.　　　　☐ os pombos-correio.

> Constituem uma raça diferente dos pombos comuns: embora **semelhantes visualmente**, apresentam uma estrutura corporal mais **avantajada** [...]

c) Se os pombos-correio e os pombos comuns são semelhantes visualmente, então eles são:

☐ parecidos no que fazem.　　☐ parecidos fisicamente.

d) Nesse trecho, o adjetivo "avantajada" quer dizer:

☐ maior que o comum.　　☐ menor que o comum.

> Embora o mistério não esteja decifrado, um fato é inegável: os pombos-correio são aves singulares.

e) Na frase acima, o adjetivo "singulares" significa:

☐ especiais, raras.　　　☐ numerosas.

3 Que outras palavras do texto você não conhece? Consulte o dicionário e escreva abaixo o significado delas.

_____

_____

_____

_____

4 Copie o título do texto.

_____

a) Esse título é uma:

◻ afirmação.   ◻ exclamação.   ◻ pergunta.

b) Ao colocar uma pergunta como título, o que o autor pretende?

◻ Mostrar que tem dúvidas sobre o assunto.

◻ Despertar a curiosidade do leitor.

c) O título está de acordo com o assunto do texto? Por quê?

_____

_____

5 Releia a primeira frase do texto e converse com os colegas sobre as questões a seguir.

a) O que é ter uma hipótese?

b) Sobre o que a ciência não tem nenhuma certeza?

stockphoto mania/
Shutterstock.com

▶ Pombo-correio.

6 Leia as afirmações abaixo e, de acordo com o que se diz no texto, escreva **H** para o que é hipótese e **C** para o que é certeza. Os pombos-correio:

☐ orientam-se no espaço porque têm um acúmulo de átomos de ferro no cérebro, que funciona como uma bússola;

☐ só conhecem o caminho de volta para casa;

☐ herdaram o senso de orientação das aves migratórias;

☐ orientam-se pela posição do Sol, da Lua e das constelações;

☐ sabem para onde voar por causa de sua visão aguçada.

7 Agora faça um **X** na opção correta. A função do texto lido é:

☐ contar uma história em que os personagens são pombos.

☐ informar ao leitor o que os cientistas sabem sobre aves.

☐ informar ao leitor o que os cientistas sabem sobre o sentido de orientação dos pombos-correio.

8 Para quem esse texto foi escrito?

☐ Para as pessoas em geral.

☐ Para cientistas especialistas em aves.

9 O artigo sobre os pombos-correio foi publicado em uma revista para adolescentes. Você acha que a linguagem dele é adequada a esse leitor? Por quê?

> Os textos que dão informações científicas às pessoas em geral são chamados de **artigos de divulgação científica**.
>
> Existem publicações de divulgação científica que são dirigidas especialmente às crianças e aos adolescentes.

10 Observe neste trecho os sinais destacados em verde, as aspas.

"A explicação mais provável indica que essas aves têm um acúmulo de átomos de ferro no cérebro, que funciona como uma bússola natural", afirma o zoólogo Luiz Octávio Marcondes Machado, especialista em Ornitologia da Universidade Estadual de Campinas (Unicamp).

Marcos Machado

a) O que as aspas marcam nesse trecho?

_____

_____

b) Qual é a profissão de Luiz Octávio Marcondes Machado?

_____

c) Por que ele foi entrevistado?

_____

_____

d) A quem se refere a expressão "essas aves"?

_____

Nos artigos de divulgação científica, costuma haver o **depoimento de especialistas** no assunto tratado no texto. Quando o depoimento dos entrevistados é reproduzido da forma como eles falaram, deve vir entre aspas (" ").

Aí vem história

No dia do aniversário da neta Luciana, vovó Lia, que vive em outro país, resolve escrever uma carta para ela. Leia na página 285 um trecho dessa carta especial.

Prefixos

1 Releia um trecho do artigo de divulgação científica.

> Eles podem ser soltos em pontos a 900 quilômetros de distância, mas conseguem retornar ao local onde nasceram.

a) Que verbo, nesse trecho, indica que os pombos-correio tornam (voltam) ao lugar onde nasceram? Circule-o.

b) Leia os verbos a seguir. Na forma de escrever, o que eles têm em comum com o verbo que você circulou?

> recomeçar   reler   recolocar

2 Qual é a diferença de sentido entre os verbos de cada par?

> ver – rever

> abrir – reabrir

◆ Que elemento, acrescentado ao primeiro verbo de cada par, provocou a diferença de sentido?

> No início de algumas palavras, o elemento **re-** forma novas palavras. Observe:
>
> re- + tornar = retornar   re- + produção = reprodução
>
> re- + lido = relido   re- + criação = recriação
>
> Os elementos que têm essa função são chamados de **prefixos**.

3 Releia o trecho a seguir.

> Ninguém descarta, no entanto, o papel desempenhado por sua aguçada visão, que faz com que avistem um grão de milho a 200 metros de distância!

◆ Nesse trecho, o que quer dizer o verbo **descartar**?

☐ Tirar uma carta.   ☐ Rejeitar, deixar de lado.

4 Forme palavras acrescentando a elas o mesmo prefixo que aparece em **des**cartar.

a) feito: _____

b) cobrir: _____

 ◆ Converse com os colegas: Qual é a diferença de sentido entre as palavras de cada dupla?

5 Numere as frases de acordo com o sentido que, no contexto, o **prefixo** traz às palavras destacadas.

☐ **Re**leia o poema.

☐ Construíram um **hiper**mercado perto de casa.

☐ É proibido **ultra**passar os 60 quilômetros por hora.

☐ Elas são **super**amigas.

☐ Quem pensa bem não tem **pre**conceito.

1. Ir além dos 60 quilômetros por hora.

2. Muito amigas.

3. Conceito ou ideia formados antes de se conhecer bem um assunto.

4. Mercado muito grande.

5. Leia novamente.

6 Forme novas palavras juntando os prefixos às palavras dadas, como no exemplo.

 ◆ des- + colar: descolar

a) in- + delicado: _____

b) im- + próprio: _____

c) bi- + campeão: _____

d) sub- + solo: _____

e) super- + interessante: _____

Camila Hortencio

7 Forme palavras que expressam os sentidos indicados acrescentando os prefixos do quadro.

super-   in-   re-   des-

a) Quem não é organizado é _____ .

b) Quem é muito organizado é _____ .

c) O que não é justo é _____ .

d) Abrir de novo é _____ .

8 Complete o diagrama de palavras. Algumas letras já estão colocadas. Atenção: todas as palavras começam com prefixo.

1. Tirar as folhas.

2. Lido de novo.

3. Aquilo que não é útil.

4. Virar de novo.

5. Quem não é leal.

6. Quem não é feliz.

7. Tirar a casca.

8. Feito de novo.

Clarissa França

1 F O L H A R
4 R E

Produção de texto

Relatório de pesquisa

Nesta seção, você fará uma pesquisa sobre o uso de *tablets* pelas crianças e apresentará o resultado à turma. Vamos lá?

Preparação

Na página 217, você leu um artigo de divulgação científica, gênero que traduz em linguagem mais simples os textos escritos por cientistas, que podem ser complexos e difíceis de entender. Esses textos, produzidos por especialistas de diferentes áreas, muitas vezes mostram o resultado de pesquisas. Uma dessas pesquisas é mencionada nesta matéria. Leia um trecho.

> Uma pesquisa realizada pela Universidade de Indiana, nos Estados Unidos, identificou que a falta de interação dos adultos com as crianças, enquanto brincam ou fazem outras atividades, causada pelo uso abusivo do celular, pode levar ao déficit de atenção das crianças.
>
> Durante a primeira infância, a criança aprende por meio da observação e imitação. Se elas veem os pais mergulhados nas telas, muitas crianças passam a dar muita importância para a tecnologia e isso pode afetar sua saúde mental.

Jamie Grill/Tetra images/Getty Images

5 razões para deixar as telas de lado e interagir com as crianças. *Catraca Livre*, 8 jul. 2016. Disponível em: <https://catracalivre.com.br/cidadania/5-razoes-para-deixar-as-telas-de-lado-e-interagir-com-as-criancas/>. Acesso em: 27 abr. 2019.

Glossário

Déficit: deficiência.

◆ A pesquisa citada no texto verificou que o uso exagerado do celular pelos pais é positivo ou negativo para as crianças? Explique.

◆ Como você imagina que foi feita essa pesquisa?

◆ Qual é a importância de divulgar em jornais e revistas o resultado dessa pesquisa?

Pesquisa e relatório oral

1. Agora, com a orientação do professor, você fará uma pesquisa por meio de entrevistas para conhecer algumas opiniões sobre o uso de *tablets* pelas crianças: se é positivo ou negativo para a saúde e o desenvolvimento delas e por quê. Devem ser entrevistados pelo menos três adultos e três crianças.

2. Copie os quadros abaixo e anote neles as respostas dos entrevistados.

1ª) Passar muito tempo usando o *tablet* prejudica a saúde e o desenvolvimento das crianças?			
Sim	Não	Por quê?	Nome e idade do entrevistado

2ª) O uso exagerado do *tablet* pode atrapalhar o relacionamento das crianças com familiares, colegas e amigos?			
Sim	Não	Por quê?	Nome e idade do entrevistado

3. Prepare, em uma folha à parte, um relatório com o resultado das entrevistas para apresentar à turma.

   ◆ Some quantos entrevistados disseram "sim" e quantos disseram "não" a cada pergunta. Anote os resultados.

   ◆ Resuma as principais justificativas dadas pelos entrevistados. Copie entre aspas alguns trechos das respostas.

   ◆ Conclua o relatório dizendo se, para o grupo entrevistado, os *tablets* são positivos ou negativos para as crianças.

4. No dia combinado, apresente o resultado da pesquisa aos colegas.

5. Fale em tom de voz audível e pronuncie bem as palavras.

6. No final, agradeça a atenção aos colegas e pergunte se querem fazer algum comentário ou pedir mais informações.

Carta do leitor

Você leu um artigo sobre os pombos-correio, aves que foram muito usadas para a comunicação quando não havia outros meios.

Hoje as pessoas podem se comunicar por telefone, por *e-mail*, pelas redes sociais etc. Mas e as cartas? Muita gente ainda se comunica com quem está longe por cartas escritas à mão e enviadas pelo correio. E existem outros tipos de carta, além da pessoal.

Essl/Dreamstime.com

1 Observe a carta a seguir. Para quem será que ela foi escrita e com qual finalidade? Leia-a silenciosamente para saber.

◄ ► | ↻ | http://chc.org.br/muito-antes-do-celular/#comment-26552 | ★

COMENTÁRIOS

Prezado Sr. Beto Pimentel

Lemos a matéria "Muito antes do celular" e gostamos muito, pois aprendemos sobre as diversas formas de comunicação que surgiram ao longo dos séculos, e como cada uma das invenções contribuiu para o surgimento dos diversos meios de comunicação que temos hoje.

Gostaríamos de saber mais sobre o uso de pombos-correio na transmissão de mensagens.

Nosso cordial abraço.

8/10/2014 às 16h33

Alunos do 4º ano A – EMEIEF Profª Lydia Cortez de Aquino

Ciência Hoje das Crianças, 23 ago. 2013. Disponível em: <http://chc.org.br/muito-antes-do-celular/#comment-26552>.
Acesso em: 25 set. 2017.

1 Quem escreveu a carta, ou seja, quem é o remetente?

_____

2 Para quem ela foi escrita, ou seja, quem é o destinatário?

_____

3 A carta foi publicada na versão digital de uma revista para crianças. Circule no final do texto o nome dessa revista.

4 Releia o começo da carta.

Lemos a matéria "Muito antes do celular" e gostamos muito [...]

a) Quem leu a matéria e gostou muito dela?

_____

_____

b) Converse com os colegas e o professor sobre as questões abaixo, depois escreva as respostas.

Camila Hortencio

- Onde foi publicada a matéria "Muito antes do celular"?

_____

- Quem é o autor dessa matéria?

_____

- A matéria foi publicada antes ou depois da publicação da carta dos alunos?

_____

5 Além do destinatário, que outras pessoas leram a carta da turma do 4º ano?

_____

_____

6 Qual foi a intenção da turma do 4º ano ao escrever a carta?

☐ Reclamar de uma matéria da revista.

☐ Elogiar uma matéria publicada na revista e sugerir um assunto para uma próxima matéria.

> Em revistas e jornais – na versão impressa ou digital –, costuma haver uma seção em que são publicadas cartas enviadas pelos leitores para elogiar ou criticar alguma matéria, para corrigir informações que estejam erradas ou simplesmente para dar uma opinião sobre um assunto tratado na publicação. Esse tipo de carta é chamado de **carta do leitor**.

7 Releia a saudação da carta.

a) A expressão "Prezado Sr." é formal e mais distante ou informal, íntima?

_____

b) Converse com os colegas: Na carta dos alunos do 4º ano, essa forma de saudar o destinatário é adequada? Por quê?

8 Na página 227, pinte:

a) de **verde** o trecho que contém a opinião dos alunos sobre a matéria "Muito antes do celular";

b) de **vermelho** o trecho em que eles dão um argumento para justificar por que gostaram da matéria;

c) de **azul** o trecho que contém o pedido dos alunos a Beto Pimentel.

9 De que forma os alunos se despedem do destinatário?

_____

a) Que adjetivo foi usado nessa despedida?

_____

b) Esse adjetivo torna a linguagem da despedida formal ou informal?

_____

c) A despedida é adequada à carta? Por quê?

_____

_____

d) Que pronome possessivo foi usado nela?

_____

e) A quem ele se refere, ou seja, quem envia o abraço?

_____

10 Leia a seguir outra carta do leitor enviada à revista _Ciência Hoje das Crianças_ para comentar a matéria "Muito antes do celular".

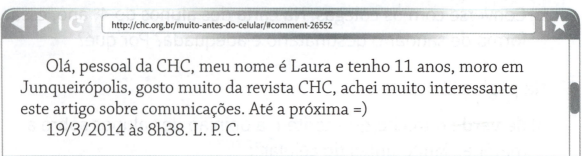

http://chc.org.br/muito-antes-do-celular/#comment-26552

Olá, pessoal da CHC, meu nome é Laura e tenho 11 anos, moro em Junqueirópolis, gosto muito da revista CHC, achei muito interessante este artigo sobre comunicações. Até a próxima =)
19/3/2014 às 8h38. L. P. C.

Ciência Hoje das Crianças, 23 ago. 2013. Disponível em: <http://chc.org.br/muito-antes-do-celular/#comment-26552>. Acesso em: 25 set. 2017.

a) O que quer dizer a sigla **CHC?**

b) O que o *emoticon* **=)** representa?

c) A carta de Laura tem linguagem mais formal ou mais informal que a da turma do 4º ano? Dê exemplos para justificar sua resposta.

d) Que palavra usada na carta indica o ponto de vista de Laura sobre o artigo? É um ponto de vista positivo ou negativo?

e) Essa palavra é um substantivo, um adjetivo ou um verbo?

f) Compare as duas cartas do leitor lidas e preencha o quadro.

	Carta dos alunos do 4º ano	Carta de Laura
Usa linguagem formal.		
Usa linguagem informal.		
É uma carta individual.		
É escrita por um grupo.		
Há sugestão de assunto para uma matéria da revista.		
Elogia a matéria da revista.		

11 Como essas duas cartas do leitor foram enviadas à revista?

Ilustrações: Camila Hortencio

☐ Pelo correio.　　　　☐ Pela internet.

12 É importante que os leitores de jornais e revistas manifestem sua opinião sobre as matérias publicadas nesses veículos? Por quê?

Sufixos

1 Leia a letra de uma cantiga e, depois, cante-a com os colegas.

A linda rosa juvenil

A linda rosa juvenil, juvenil, juvenil
A linda rosa juvenil, juvenil
Vivia alegre no seu lar, no seu lar, no seu lar
Vivia alegre no seu lar, no seu lar
Mas uma feiticeira má, muito má, muito má
Mas uma feiticeira má, muito má
Adormeceu a rosa aqui, bem aqui, bem aqui
Adormeceu a rosa aqui, bem aqui
[...]
Um dia veio um lindo rei, lindo rei, lindo rei
E veio um dia um lindo rei, lindo rei
Que despertou a rosa assim, bem assim, bem assim
Que despertou a rosa assim, bem assim
[...]

Domínio público.

a) Forme palavras fazendo o que se pede.

✦ rosa
- menos **-a**, mais **-eira** ➡ _____
- menos **-a**, mais **-eiral** ➡ _____

b) Copie abaixo, ao lado de **rosa**, as palavras que você formou. Circule a parte que se repete em todas e sublinhe o que é diferente.

rosa – _____ – _____

c) Qual é a diferença de sentido entre essas palavras?

_____

_____

2 Agora conclua marcando a alternativa correta. Na atividade 1, você formou palavras:

☐ colocando um elemento no início da palavra **rosa**.

☐ colocando um elemento no fim da palavra **rosa**.

Na página 222, você viu que podemos formar palavras colocando um prefixo no início de certas palavras (**reler**, por exemplo).

Também podemos formar palavras pelo acréscimo de um elemento — chamado de **sufixo** – no fim de algumas palavras. Por exemplo:

rosa + -eira = roseira (substantivo)   Sergipe + -ano = sergipano (adjetivo)

floresta + -al = florestal (adjetivo)

---

3 Leia estas palavras tiradas da letra de "A linda rosa juvenil".

> linda   rosa   alegre   feiticeira   rei

a) Qual delas é formada pelo acréscimo de um sufixo? Circule-a.

b) Que palavra deu origem à palavra que você circulou?

_____

4 Leia as palavras e forme substantivos com os sufixos indicados. Atenção: você precisará fazer ajustes na grafia das palavras formadas.

a) belo + -eza: _____

b) chave + -eiro: _____

c) doce + -ura: _____

d) surdo + -ez: _____

e) humilde + -dade: _____

Carta do leitor

Nesta unidade, você leu duas cartas do leitor enviadas a uma publicação digital. Veja abaixo a reprodução da seção "Comentários", que na versão digital da revista *Ciência Hoje das Crianças* é destinada à comunicação com os leitores. Há espaço para o leitor pôr seu nome, *e-mail* e a mensagem que quer enviar. Quando a carta é publicada, apenas o texto digitado no campo "Mensagem" fica disponível para os demais leitores.

💬 COMENTÁRIOS

Observação: Os comentários publicados abaixo foram enviados por nossos leitores e não necessariamente representam a opinião da Ciência Hoje das Crianças.

Deixe o seu comentário!

Nome:

Email:

Mensagem:

ENVIAR

Instituto Ciência Hoje. Disponível em: http://chc.org.br/ Acesso em: 31 out. 2017

Ciência Hoje das Crianças, 23 ago. 2013.
Disponível em: <http://chc.org.br/muito-antes-do-celular>. Acesso em: 4 jun. 2019.

Agora é sua vez de ler uma matéria em uma revista digital dirigida às crianças e enviar à publicação uma carta para elogiar ou criticar a matéria, opinar sobre o assunto tratado nela ou sugerir um assunto para a próxima edição.

Planejamento e escrita

1. Com a orientação do professor, pesquise em revistas digitais para crianças uma matéria de seu interesse e leia o texto atentamente.

2. Faça um rascunho da carta em uma folha.

   - Comece a carta saudando o destinatário: o autor da matéria ou a equipe responsável pela revista.

   - Você pode elogiar ou criticar a matéria, porém deve argumentar, isto é, dar razões que justifiquem sua opinião. Pode também fazer comentários sobre o assunto do texto e sugestões para a próxima edição da revista.

   - Para saber que linguagem usar, pense no estilo da revista e lembre--se de que a carta será lida não só pelo destinatário, mas também por outros leitores da publicação.

   - Use os recursos da língua portuguesa que já conhece. Por exemplo, em vez de repetir palavras que já apareceram no texto, faça referência a elas usando pronomes pessoais, possessivos ou demonstrativos.

   - No final, despeça-se e escreva seu nome.

Revisão e divulgação

1. Peça a um colega que o ajude a conferir se:

   - a carta se dirige ao autor da matéria (ou à equipe editorial);

   - você expressou uma opinião sobre a matéria e justificou-a;

   - há saudação, despedida e assinatura;

   - a grafia das palavras e a pontuação estão corretas.

2. Refaça o que for preciso e mostre a carta ao professor.

3. Sob a supervisão dele, acesse o *site* da revista escolhida, copie a carta no campo próprio para isso e envie-a.

Camila Hortencio

Cartas

Agora você lerá uma carta pessoal. Essa carta foi tirada do livro que conta a história do cãozinho Sam, enviado por sua tutora, a sra. Leroy, para a Academia Canina Igor Francãostai, uma escola de obediência para cães. Sam está bravo e escreve à tutora narrando a rigidez da escola, embora ela seja um local agradável e divertido para os cachorros.

6 de outubro

Cara sra. Leroy,

Os vizinhos se queixam mesmo de meus uivos? É difícil imaginar. Primeiro, porque não uivo tanto assim. A senhora esteve fora naquelas noites, então não tem como saber, mas, acredite, fui bastante moderado. Segundo, não devemos nos esquecer de que são **eles** que vivem me acordando no meio da tarde com aquele aspirador barulhento. Costumo dizer que todos temos de aprender a conviver em harmonia.

Minha vida aqui continua um pesadelo. A senhora não acreditaria nas coisas que acontecem na lanchonete.

Sinceramente seu,

Sam

P.S. Não quero deixá-la alarmada, mas a ideia de uma fuga passou-me pela cabeça!

Mark Teague. *Cara sra. Leroy*: cartas da Escola de Obediência. São Paulo: Globo, 2004. p. 12.

1 Localize na carta as informações pedidas e circule-as conforme as indicações.

a) A data em que a carta foi escrita → circule de **vermelho**.

b) O destinatário (para quem foi escrita) → circule de **cor-de-rosa**.

c) O corpo da carta (os parágrafos com o assunto da carta) → circule de **roxo**.

d) A despedida e a assinatura do remetente → circule de **laranja**.

2 Marque os objetivos principais da carta de Sam.

☐ Responder a uma carta da sra. Leroy em que ela fala das queixas dos vizinhos.

☐ Explicar à sra. Leroy a importância de viver em harmonia.

☐ Convencer a sra. Leroy de que a Escola de Obediência é um lugar ruim, para que ela o tire de lá.

3 Em sua carta, Sam tenta emocionar a sra. Leroy. Sublinhe um trecho que comprove isso.

4 A carta de Sam foi escrita somente para uma leitora: a sra. Leroy. Essa é uma característica das cartas pessoais: são particulares, geralmente têm um único destinatário. E as cartas do leitor publicadas em jornais e revistas? Quem são os leitores delas?

5 Pense em alguém que more longe de você e a quem gostaria de enviar uma carta para pedir notícias, contar as novidades, convidar para uma visita etc.

◆ Escreva um rascunho, mostre-o ao professor e faça as correções indicadas.

◆ Peça a um familiar que poste a carta no correio. Na frente do envelope, anote o nome e o endereço do destinatário; no verso, escreva seu nome e endereço.

1 Leia o título de uma matéria sobre celulares.

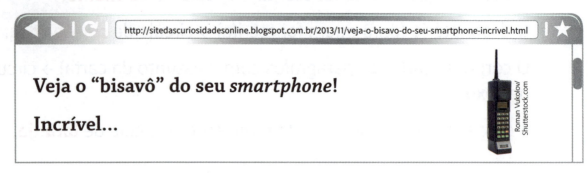

Eliana Cavalcante. Veja o "bisavô" do seu *smartphone*! Incrível... *Site das Curiosidades*, 6 nov. 2013. Disponível em: <http://sitedascuriosidadesonline.blogspot.com.br/2013/11/veja-o-bisavo-do-seu-smartphone-incrivel.html>. Acesso em: 4 jun. 2019.

a) Por que o celular mostrado na fotografia é chamado de bisavô dos *smartphones*?

_____

_____

b) A palavra "bisavô" foi formada pelo acréscimo de um prefixo a um substantivo. Qual é o prefixo e qual é o substantivo?

_____

c) Em qual destas palavras aparece esse mesmo prefixo? Circule-a.

> bife   bisneto   avó   tataravô

2 Acrescente prefixos do quadro às palavras e forme outras palavras.

> des-   in-   ante-   sub-

a) título _____   **c)** capaz _____

b) ajeitado _____   **d)** ontem _____

3 Leia a letra da cantiga e cante-a com os colegas e o professor.

A pomba no laço

A pombinha voou, voou,
caiu no laço se embaraçou.

Ai me dá um abraço,
que eu desembaraço
essa pombinha
que caiu no laço.

Domínio público.

Evandro Marenda

a) Copie as palavras que rimam.

_____

_____

b) Consulte o dicionário ou converse com os colegas e escreva o sentido do verbo **embaraçar**.

_____

_____

c) Nessa cantiga, que palavra é um antônimo de **embaraçar**, ou seja, tem sentido oposto ao desse verbo?

_____

d) Como essa palavra foi formada?

_____

_____

_____

e) Agora pinte a imagem ao lado da letra da cantiga como preferir.

4 Leia a adivinha.

O que é que entra em casa sempre pelo buraco da fechadura?

Domínio público.

a) Desembaralhe as letras para encontrar a resposta e escreva-a.

V   H   E   A   C   _____

b) Acrescente o sufixo **-eiro** à palavra que você escreveu e forme uma nova palavra.

_____

5 Leia a quadrinha.

Plantei um abacateiro
para comer abacate,
mas não sei o que plantar
para comer chocolate.

Domínio público.

Evandro Marenda

a) Compare:

abacate   abacateiro

❖ Qual é a diferença entre essas palavras quanto ao sentido e quanto à escrita?

b) Com o mesmo sufixo de **abacateiro**, forme o nome da árvore que dá cada fruta a seguir. Para formar os nomes femininos, use **-eira**.

❖ laranja: _____   ❖ pêssego: _____

❖ goiaba: _____   ❖ coco: _____

c) Conte aos colegas que ajustes você precisou fazer na grafia dos nomes da coluna à direita ao acrescentar o sufixo.

Livros

Editora Armazém da Cultura

▶ **Carta da vovó e do vovô**, de Ana Miranda. Fortaleza: Armazém da Cultura, 2013.

Seus avós já viveram coisas que você ainda não viveu? Eles precisam ser respeitados? Essas são perguntas que precisamos fazer sobre essas pessoas tão especiais: os avós. O livro mostra como pode ser enriquecedora a convivência com os mais velhos e quanto eles têm a compartilhar com crianças e adolescentes.

▶ **A primeira carta**, de Joseph Rudyard Kipling. São Paulo: Salamandra, 2013.

As palavras ainda não existiam no tempo das cavernas, e o desenho era a forma mais comum de comunicação escrita. Nesse livro, a pequena Taffy tenta, por meio de desenhos e de muitos gritos, pedir a seu novo amigo, Estrangeiro, que a ajude na busca de um arpão em sua casa. Mas a diferente interpretação dos rabiscos de Taffy leva o pobre amigo a um caminho cheio de aventuras.

Editora Salamandra

Editora Melhoramentos

▶ **O livro do papel**, de Ruth Rocha. São Paulo: Melhoramentos, 2010.

Antes de o papel existir, os seres humanos se comunicavam por meio da escrita em pedras, madeira, couro e até sobre ossos. Nesse livro, a escritora Ruth Rocha conta curiosidades sobre a história da escrita e a invenção do papel.

Filme

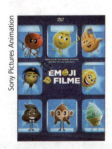

Sony Pictures Animation

▶ **Emoji, o filme**, de Anthony Leondis. Estados Unidos: Sony Pictures, 2017.

Textopolis é a cidade onde os *emojis* favoritos dos usuários de *smartphones* vivem e trabalham. Todos eles têm apenas uma expressão facial, menos Gene, que consegue expressar diversos sentimentos.

UNIDADE 9

Alô, alô!
É a cultura popular

Bruna Assis

- Observe a imagem com atenção. Você já esteve em algum lugar como esse? Conte aos colegas.
- Que instrumentos os músicos estão tocando?
- Você já ouviu falar em **cultura popular**? O que entende por essa expressão?

Brincar de rima

Com as palavras você se comunica com as outras pessoas e interage com elas: conversa, faz pedidos, dá e pede explicações, conta histórias etc.

Com as palavras você também pode brincar!

Nesta brincadeira, você vai se sentar com um grupo de colegas para fazer rimas.

- ❖ Um de vocês fala uma palavra, e o colega ao lado deve dizer outra palavra que rime com ela. E assim por diante, até voltar ao primeiro que falou.

- ❖ Na próxima rodada, outra pessoa diz a palavra com a qual vocês farão a rima.

1 O texto da página seguinte também tem rimas. Observe a capa do folheto de onde ele foi tirado. Leia o título e observe a imagem.

Abdias Campos

a) O que ela mostra?

b) De quais brincadeiras você acha que o texto fala?

2 Agora leia o texto, primeiro silenciosamente, depois em voz alta, com os colegas e o professor, prestando atenção nas rimas e na sonoridade que elas produzem.

Poema de cordel

Brincadeiras populares

As brincadeiras que a gente
Brinca desde criancinha
São inventadas, por isso
Em nossa casa ou vizinha
Tem sempre alguém que aprendeu
Mais uma brincadeirinha

Pra brincar de **Amarelinha**
Faz um desenho no chão
Com quadrados ou retângulos
Risca com giz ou carvão
No topo faz forma oval
E põe numeração

Começa a recreação
Jogando uma pedrinha
Na casa número 01
Tem que ficar direitinha
Pula num pé só e sai
Brincando de amarelinha

O **Telefone sem fio**

Pra funcionar direito
Numa roda de pessoas
Quanto mais gente é perfeito
Pra ficar bem engraçado
Começa assim desse jeito:

Um, secretamente, inventa
Uma frase ou uma história
Conta no ouvido do próximo
Que guarda em sua memória
Passando ao que está de lado
Nesta mesma trajetória.

Chega à última pessoa
Que revela o que ouviu
O resultado é engraçado
Tudo trocado, já viu?
Fica muito diferente
Da história que partiu.

[...]

O **Chicotinho-queimado**
Pra gente poder brincar
Alguém esconde um objeto
Para outro procurar
E aquele que escondeu
Ao outro passa a guiar.

Tá quente, se tiver perto
Tá frio, se longe está
Tá morno, se mais ou menos
Está perto do lugar
Onde escondeu-se o objeto
Que ganha quando encontrar

[...]

Cabra-cega é brincadeira
Muito fácil de brincar
Vedam-se os olhos de um
E bota ele pra girar
Os outros saem correndo
Até ele a um pegar

[...]

Pra gente brincar nas praças
Pra gente brincar nos lares
Pra gente brincar na praia
Até brincar nos pomares
Temos muitas formas de
Brincadeiras populares.

Abdias Campos. *Cordel infantil:*
brincadeiras populares. Recife: Folhetaria
Campos de Versos, 2012.

CABRA - CEGA

Glossário

Oval: que tem a forma de um ovo.
Pomar: conjunto de árvores frutíferas.
Topo: a parte mais alta.

Quem escreveu?

Abdias Campos nasceu na cidade de Amparo, no estado da Paraíba. Além de escrever literatura de cordel, é violeiro, compositor, ator e declamador. Por meio de recitais, apresentações musicais e palestras, ele divulga a cultura do cordel por todo o Brasil.

1 O que você havia imaginado sobre o texto antes da leitura se confirmou ou não? Por quê?

_____

_____

2 De quais brincadeiras o texto fala? Escreva o nome delas na ordem em que são apresentadas.

_____

_____

3 O texto "Brincadeiras populares" é:

☐ um texto em prosa.   ☐ um poema.

◆ O que você observou para dar essa resposta?

4 Releia a primeira estrofe.

☐ As brincadeiras que a gente

☐ Brinca desde criancinha

☐ São inventadas, por isso

☐ Em nossa casa ou vizinha

☐ Tem sempre alguém que aprendeu

☐ Mais uma brincadeirinha

a) Quantos versos há nessa estrofe?

_____

b) Nas páginas 245, 246 e 247, as outras estrofes do poema também têm esse número de versos?

c) Numere os versos da primeira estrofe escrevendo os números nos quadrinhos.

d) Pinte as palavras que rimam no final dos versos.

e) Que versos dessa estrofe rimam?

_____

f) Volte mais uma vez às páginas 245 a 247 e confira: nas outras estrofes também são esses versos que rimam?

> Alguns recursos são usados nos poemas para criar ritmo e sonoridade interessantes, que envolvam o leitor, como fazer todas as estrofes com o mesmo número de versos e rimar os mesmos versos em todas as estrofes.

5 Circule no poema as estrofes que falam do jogo de **amarelinha**.

6 A **amarelinha** é uma brincadeira que tem diferentes nomes, conforme a região do país.

a) No lugar onde você vive, ela é conhecida por esse nome ou por outro? Qual?

_____

b) Consulte o dicionário e anote alguns dos nomes pelos quais essa brincadeira é conhecida.

_____

_____

_____

_____

7 Releia a quarta, a quinta e a sexta estrofes.

a) De que brincadeira elas falam?

_____

b) Na quinta estrofe, se diz:

Um, secretamente, inventa
Uma frase ou uma história

❖ O que quer dizer "secretamente" nesse verso?

_____

_____

8 De que brincadeira se fala nas duas últimas estrofes da página 246?

_____

a) Converse com os colegas: Nos versos abaixo, por que algumas palavras foram escritas com letras em *itálico*?

Tá quente, se tiver perto
Tá frio, se longe está
Tá morno, se mais ou menos

b) "Tá" é uma forma de escrever qual palavra?

c) Por que foi escrita dessa forma reduzida?

d) Nos versos a seguir, que palavra foi escrita de um jeito diferente da escrita habitual pelo mesmo motivo que "tá"? Circule-a.

Pra brincar de **Amarelinha**
Faz um desenho no chão

9 Como você viu na página 244 o poema "Brincadeiras populares" foi publicado em um folheto. Qual é a relação entre a imagem da capa do folheto e o poema lido?

Na Região Nordeste do Brasil há uma tradição de publicar poemas em folhetos, que são expostos para a venda em feiras, pendurados em cordões ou barbantes.

Como são pendurados em cordões, os poemas publicados neles ficaram conhecidos como **literatura de cordel**.

Nos poemas de cordel, muitas vezes as palavras são escritas da forma como são pronunciadas na fala do dia a dia.

Ismar Ingber/Pulsar Imagens

▶ Folhetos expostos em cordel.

10 É comum o cordelista, ao lado da banca com os folhetos, declamar seu poema de forma cadenciada, muitas vezes acompanhado de viola ou outro instrumento, para atrair compradores.

◆ Você já ouviu uma declamação de cordel? Se ouviu, conte aos colegas como foi e o que achou.

_____

_____

11 Você conhece as brincadeiras apresentadas no poema? Converse com os colegas sobre elas.

◆ Na sua vez de falar, conte que regras você costuma seguir nessas brincadeiras, depois ouça os colegas.

◆ Se quiser fazer uma pergunta a um colega, levante a mão e aguarde o sinal do professor para falar.

Aí vem história

Quem já brincou de misturar cores sabe que o branco, com um pingo de vermelho, vira rosa. E vermelho com azul forma roxo. Leia na página 288 um poema sobre as cores escrito no estilo dos poemas de cordel.

Um pouco mais sobre

O mesmo tema, muitas obras

1 Observe a pintura abaixo.

a) O que ela mostra?

b) Essa pintura, de um artista europeu, foi feita mais de cem anos atrás. O que ela tem em comum com o poema de cordel "Brincadeiras populares"?

▶ Frederick Morgan (1856-1927). *Brincadeira de roda*, 1885. Óleo sobre tela, 81,3 cm × 104,1 cm.

2 Leia estas quadrinhas.

Se o meu coração partisse,
eu te dava um pedacinho,
mas como ele não parte,
te dou ele inteirinho.

Domínio público.

Apalpei meu lado esquerdo,
não achei meu coração.
De repente, me lembrei
que estava em tuas mãos.

Domínio público.

◆ As duas quadrinhas têm o mesmo tema, que é:

☐ a saudade.   ☐ o amor.   ☐ os sentimentos.

Alguns temas – como infância, amor, saudade etc. – aparecem não apenas em textos, mas também em pinturas, canções e filmes produzidos em diferentes lugares e épocas.

3 Faça em uma folha avulsa um desenho com o tema "brincadeiras". Pinte-o como quiser, dê um título a ele e assine-o.

Adjunto adnominal

1 Releia o final do poema de cordel "Brincadeiras populares".

Temos muitas formas de
Brincadeiras populares.

a) Que palavra usada junto do substantivo "brincadeiras" indica uma
característica das brincadeiras?

_____

b) Essa palavra é um:

⬜ substantivo. ⬜ verbo. ⬜ adjetivo.

c) Se, em vez de "brincadeiras", no poema estivesse escrito
brincadeira, como ficaria a palavra "populares"?

_____

2 Observe a capa do livro a seguir e leia o título dele.

Editora Publifolinha

BRINCADEIRAS
ANIMAIS
Saiba como os filhotes brincam e aprendem

Publifolinha

◆ Que adjetivo foi usado junto do substantivo
"brincadeiras" para especificar o tipo de
brincadeira de que o livro trata?

_____

3 Escreva três adjetivos que você escolheria para caracterizar suas
brincadeiras.

_____

_____

253

4 Leia o título de uma matéria de jornal.

◀ ▶ | C | http://guia.folha.uol.com.br/crianca/ult10047u446376.shtml ★

Espetáculo com bonecos recria magia das brincadeiras infantis

Folha de S.Paulo. Disponível em: <http://guia.folha.uol.com.br/
crianca/ult10047u446376.shtml>. Acesso em: 2 jun. 2019.

a) Brincadeiras infantis são brincadeiras de:

☐ crianças.   ☐ adolescentes.   ☐ adultos.

b) Leia o título sem o adjetivo "infantis". Sem ele, o leitor pode entender de que brincadeiras se fala? Justifique.

> Os adjetivos podem ter diferentes funções na frase. Por exemplo, quando especificam o sentido de um substantivo, dizemos que funcionam como **adjuntos adnominais**.

5 Leia este trecho de uma entrevista com o escritor César Obeid, que escreve literatura de cordel.

César, conta para a gente como você define o cordel.
A literatura de cordel brasileira, nascida e desenvolvida no interior de alguns estados nordestinos, é uma forma de contar histórias ou poesias sempre com rimas.

Por que as histórias regionais são as mais conhecidas?
Porque o cordel nasceu no sertão nordestino e os poetas, como representantes do povo, contam fatos relevantes a eles. [...]

Thais Caramico. O cordel e o cordelista. *O Estado de S. Paulo*, 13 maio 2010. Estadinho. Disponível em:
<www.estadao.com.br/blogs/estadinho/o-cordel-e-o-cordelista/>. Acesso em: 2 jun. 2019.

a) Sublinhe, na primeira resposta do escritor, o adjunto adnominal que indica de qual país é a literatura de cordel de que ele está falando.

b) Circule nas duas respostas o adjunto adnominal que especifica o estado e a região onde nasceu a literatura de cordel.

Texto 2 — Notícia

1 O poema "Brincadeiras populares" fala de várias brincadeiras, entre elas a de **telefone sem fio**. O próximo texto é uma notícia. Leia o título dela e conte aos colegas se você sabe algo da história do telefone.

2 Leia o texto silenciosamente, depois acompanhe a leitura do professor.

◄ ► | C | www1.folha.uol.com.br/asmais/2015/04/1620189-exposicao-traz-historia-do-telefone-veja-a-evolucao-do-aparelho-em-6- | ★

Exposição traz história do telefone; veja a evolução do aparelho em 6 modelos

As crianças (e muitos adultos) podem não imaginar como é viver em um mundo sem telefone. Houve um tempo, porém, em que matar a saudade de um parente distante ou combinar um encontro não era tão simples.

O aparelho telefônico tem 139 anos. Em 1876, Graham Bell – um professor escocês que morava nos Estados Unidos – fez a primeira ligação do mundo, entre um cômodo e outro, dizendo a frase "Sr. Watson, preciso do senhor, venha".

O modelo era bem básico: você ouvia ou falava, não dava para fazer os dois ao mesmo tempo.

A tecnologia demorou a ser aceita. O engenheiro-chefe dos correios britânicos da época chegou a dizer: "Os americanos têm necessidade de telefones, nós não. Temos muitos meninos mensageiros".

Uma exposição gratuita que começa hoje [...], em São Paulo, traz a trajetória do aparelho no Brasil, onde o telefone chegou com um ano de atraso, e no mundo. A mostra conta com 50 peças que vão de 1900 a 2010.

Veja abaixo a evolução do aparelho em seis modelos que serão expostos.

1 – 1904: O castiçal
Pelo seu formato, o telefone de mesa da marca Western Electric era conhecido como "castiçal". Ao girar a manivela, um sinal era enviado para a mesa operadora e uma telefonista completava a ligação. Na caixa de madeira existia uma espécie de bateria.

LUPA EXPO

255

2 – 1940: O tanque

Foi um modelo comum nos anos 1940. Recebeu o apelido de "tanque" porque era robusto e forte como um tanque de guerra.

LUPA EXPO

3 – 1950: O clássico

O modelo 500 da Western Electric foi o telefone dos lares americanos entre 1950 e 1984.

LUPA EXPO

4 – 1954: A serpente

O Ericofon é um telefone sueco que ficou conhecido como "telefone cobra" no país. [...]

LUPA EXPO

5 – 1965: Abre e fecha

O telefone Grillo é um clássico do *design* italiano. O "flip" que abre para que a pessoa fale era a grande novidade [...].

LUPA EXPO

6 – 1990: Primeiro celular

Em 1990, a Motorola lançou o primeiro modelo de celular do Brasil. Ele foi vendido antes no Rio de Janeiro e só depois em São Paulo, mas se popularizou rápido. No visor, cabiam oito dígitos.

LUPA EXPO

[...]

Folha de S.Paulo, 23 abr. 2015. Folhinha. Disponível em: <www1.folha.uol.com.br/asmais/2015/04/1620189-exposicao-traz-historia-do-telefone-veja-a-evolucao-do-aparelho-em-6-modelos.shtml>. Acesso em: 2 jun. 2019.

Glossário

Castiçal: suporte para vela que tem uma base de apoio.

Design: palavra em inglês que quer dizer "desenho" e se refere ao formato de um objeto, que deve estar ligado à maneira como ele funciona.

Dígito: cada um dos números de zero até nove.

Manivela: peça que se gira manualmente para transmitir movimento a uma roda, um eixo ou outro mecanismo.

Sueco: que ou quem é da Suécia, um país da Europa.

Visor: no caso do celular, mostrador dos números digitados.

1 Qual é o assunto da notícia?

_____

2 Você se surpreendeu com alguma das informações? O que achou mais interessante?

3 Observe o começo do texto, na página 255, e circule a parte que está escrita com letras maiores.

◆ A parte que você circulou é:

☐ o título.

☐ o subtítulo.

☐ o primeiro parágrafo do texto.

4 Agora copie o título da notícia.

_____

a) A quem a forma verbal "veja" se dirige?

_____

b) A que aparelho o título se refere?

_____

5 Por que o título tem mais destaque do que o restante do texto? Converse com os colegas e o professor e escreva abaixo o que concluírem.

_____

_____

O **título** das notícias tem duas funções principais: atrair a atenção do leitor e resumir o assunto do texto. Por isso ele costuma ser escrito em letras maiores e apresenta, em poucas palavras, o assunto que será tratado com detalhes nos parágrafos da notícia.

6 Releia o começo da notícia.

As crianças (e muitos adultos) podem não imaginar como é viver em um mundo sem telefone. Houve um tempo, porém, em que matar a saudade de um parente distante ou combinar um encontro não era tão simples.

Converse com os colegas sobre as questões a seguir. Quando eles estiverem falando, ouça-os com atenção e, se tiver dúvidas, formule perguntas para esclarecê-las.

a) Por que para as crianças é difícil imaginar um mundo sem telefone?

b) Por que em outros tempos não era simples matar a saudade de um parente ou marcar um encontro?

7 Qual é o objetivo da notícia?

_____

_____

8 Essa notícia foi tirada da versão digital de um jornal. Leia no final dela o nome do jornal e a data de publicação. Copie essas informações a seguir.

◆ Nome do jornal: _____.

◆ Data: _____.

9 Os jornais – impressos ou digitais – são organizados em partes: os cadernos e as seções. A notícia lida foi publicada na Folhinha, um caderno da *Folha de S.Paulo* que era destinado às crianças.

◆ O assunto dessa notícia interessa apenas às crianças? Que outros leitores poderiam se interessar por ele?

10 Releia a notícia (página 255). Ela foi publicada:

☐ no dia em que a exposição começou.

☐ quando a exposição terminou.

◆ Copie o trecho que justifica sua resposta.

LUPA EXPO

_____

_____

11 Complete o quadro com as informações da notícia.

O que a notícia informa?	
Onde a exposição aconteceu?	
Quando a exposição começou?	

12 A notícia que você leu apresenta fotografias.

a) Qual é a importância das fotografias nessa notícia?

b) Todos os telefones exibidos na exposição aparecem nas fotografias? Como se pode saber isso?

13 Na notícia são dados apelidos aos telefones: "castiçal", "tanque" etc. De qual apelido você mais gostou? Por quê?

Sons da letra c

1 Leia os dois grupos de palavras observando o som representado pela letra **c**.

A. **c**astiçal – **c**ordel – **c**urativo

B. **c**elular – **c**imento

a) A letra **c** vem antes de quais vogais nas palavras do grupo **A**?

_____

b) E nas palavras do grupo **B**?

_____

2 Releia as palavras dos grupos **A** e **B**.

a) Copie-as no quadro abaixo, de acordo com o som representado pela letra **c**.

Som do c de casa	Som do s de sapo

b) Observando o som representado pela letra **c**, copie nas colunas certas do quadro as palavras **cebola**, **bacia** e **pipoca**.

3 Conclua: A letra **c** _____ (representa/não representa) sempre o mesmo som.

4 Escreva o nome das imagens.

_____

_____

_____

_____

_____

_____

a) Faça um **X** nas palavras em que a letra **c** apresenta o som do **c** de **casa**.

b) Circule as palavras em que a letra **c** apresenta o som do **s** de **sapo**.

C ou ç?

1 Leia em voz alta as palavras a seguir.

A. moça – lençol – doçura

B. acerola – vacina

a) Qual é o nome do **ç**?

_____

b) Nas palavras dos grupos **A** e **B**, a letra **c** e o **ç** representam:

☐ o mesmo som.   ☐ sons diferentes.

c) O **ç** vem antes de quais vogais nas palavras do grupo **A**?

_____

d) E nas palavras do grupo **B**, a letra **c** vem antes de quais vogais?

_____

2 Conclua.

a) A letra **c** representa o som do **s** de **sino** antes das vogais _____.

◇ Escreva cinco palavras em que a letra **c** tenha esse som.

_____

_____

b) O **ç** é usado apenas antes das vogais _____.

◇ Escreva cinco palavras com **ç**.

_____

_____

c) Alguma das palavras que você escreveu começa com **ç**?

_____

3 Complete o diagrama. Algumas letras já foram colocadas.

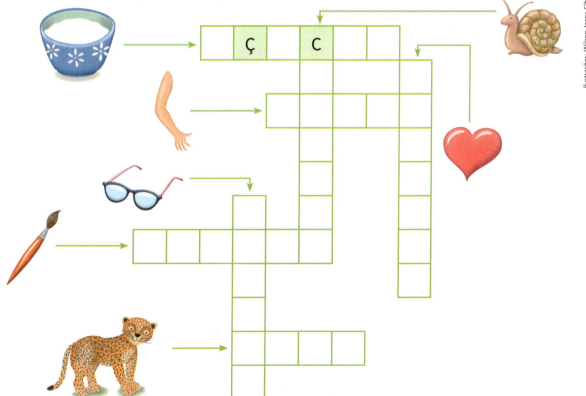

Ilustrações: Wilson Jorge Filho

Oralidade

Pelo telefone

Nesta unidade, você conheceu um pouco da história do telefone. Agora vamos conversar sobre a prática de falar ao telefone.

1. Leia esta tirinha do personagem Armandinho e converse com os colegas e o professor sobre as questões.

Alexandre Beck.

a) É possível saber com quem Armandinho fala ao telefone?

b) Com quem a pessoa que ligou deseja falar?

c) A expressão "fazer um balanço", conforme a situação, quer dizer "fazer uma análise, um exame". Foi com esse sentido que Armandinho a usou?

d) Com que sentido o menino usou a palavra "balanço"?

A tira não mostra nem o início nem o fim dessa conversa telefônica, mas podemos imaginar como ela começou e como terminou.

2. Forme dupla com um colega e, juntos, imaginem quem é a pessoa que ligou para a casa de Armandinho e inventem o começo e o fim da conversa entre o menino e essa pessoa.

3. Escrevam as falas nas linhas da página seguinte. Coloquem travessão no início de cada fala.

4. Não se esqueçam dos cumprimentos e das palavras que mostram cortesia, como **por favor** e **obrigado**.

_____

_____

_____

_____

_____

_____

— Acho melhor o pai não atender agora... Ele precisa de um tempo pra fazer um balanço...

_____

_____

_____

5. Que tal fazer um telefone de brinquedo e colocar em prática o que aprendeu do modo de falar ao telefone? O professor dirá quais são os materiais necessários e dará orientações para a montagem do brinquedo.

- Com o telefone pronto, dramatizem para os colegas e o professor o diálogo que vocês escreveram acima.

- Imaginem outras situações do cotidiano em que precisamos conversar ao telefone e dramatizem-nas.

- Lembrem-se de alternar as falas – enquanto um fala, o outro escuta, depois os papéis se invertem. Falem com clareza e em tom de voz audível e usem expressões que mostrem gentileza e atenção.

▶ Telefone de brinquedo feito de lata e barbante.

Pesquisa sobre brincadeiras e exposição oral

Você leu um poema sobre brincadeiras e criou um telefone de brinquedo. Agora fará uma pesquisa: vai entrevistar amigos e familiares para saber se conhecem as brincadeiras mencionadas no poema "Brincadeiras populares" e se já brincaram com elas. Você também perguntará se conhecem outras brincadeiras, mais atuais, e qual é a brincadeira preferida deles.

Com o resultado da pesquisa, você fará um quadro para apresentar à turma. Vamos lá?

Preparação para a pesquisa

1. Com a ajuda do professor, crie as perguntas para fazer aos entrevistados e copie cada pergunta no alto de uma folha.
2. Abaixo das perguntas, deixe espaço para anotar o nome e a idade de cada entrevistado e as respostas que ele der. Se for possível e os entrevistados autorizarem, grave as entrevistas.

Pesquisa

1. Entreviste pelo menos cinco adultos e cinco crianças.
2. Faça as perguntas em tom de voz audível e usando palavras e expressões que mostrem cortesia, como **por favor**, **obrigado** etc.
3. Com as respostas, preencha o quadro da página seguinte.

Exposição oral

1. No dia combinado, mostre aos colegas o resultado da pesquisa.
2. Para a exposição ficar interessante, você pode reproduzir o quadro da página seguinte em um cartaz, fazer cartazes que ilustrem as brincadeiras, montar uma apresentação com recursos de informática, mostrar a gravação das entrevistas etc.
3. Faça um roteiro do que vai falar e mostrar na exposição oral e calcule o tempo que irá gastar.
4. Use o roteiro escrito durante a exposição para não se esquecer de nada.

5. Os colegas irão ouvi-lo com atenção e, no final, poderão fazer comentários e perguntas para esclarecer dúvidas.

Conversa sobre os resultados e avaliação

Façam uma avaliação das exposições orais.

1. Hoje em dia se brinca das mesmas coisas que antigamente? De que tipo de brincadeira as pessoas costumam gostar mais?

2. O quadro com o resultado das entrevistas ajudou a organizar as informações?

3. Os cartazes, as gravações e os outros recursos tornaram as apresentações mais interessantes? Por quê?

◆ Quadro para ser preenchido com o resumo das entrevistas.

Sandra Lavandeira

Brincadeiras populares	Total de pessoas que conhecem a brincadeira	Total de pessoas que já brincaram	É a brincadeira preferida
amarelinha			
telefone sem fio			
chicote-queimado			
cabra-cega			
Brincadeiras atuais			
jogar *video game*			
gravar e publicar vídeo na internet			
brincar com aplicativos para celular			

1 Leia o título e o começo de uma reportagem.

www.gazetadopovo.com.br/vida-e-cidadania/as-brincadeiras-tradicionais-estao-caminhando-para-o-esquecimento

As brincadeiras tradicionais estão caminhando para o esquecimento?

É pouco provável que pais e avós da atualidade não se lembrem de ter brincado de [...] queimada, esconde-esconde ou de ter cantado "Ciranda Cirandinha" ou "Roda, cotia". Mas e as crianças de hoje, tempo das bonecas que parecem ganhar vida, dos carrinhos sofisticados, robôs e dinossauros que se movimentam? Isso sem falar na televisão e no computador. Com tudo isso, será que criança ainda brinca como antigamente?

[...]

Fernando Favoretto/Criar Imagem

Jorge Olavo. As brincadeiras tradicionais estão caminhando para o esquecimento? *Gazeta do Povo*. Disponível em: <www.gazetadopovo.com.br/vida-e-cidadania/as-brincadeiras-tradicionais-estao-caminhando-para-o-esquecimento-ahq6ph5fr0n4bxnittxesqrta>. Acesso em: 4 jun. 2019.

a) No título, que adjetivo mostra ao leitor de que tipo de brincadeira a reportagem fala?

_____

b) Esse adjetivo tem, no título, a função de:

☐ sujeito.   ☐ predicado.   ☐ adjunto adnominal.

c) Algo que **caminha para o esquecimento** é algo que:

☐ está se tornando esquecido.

☐ caminha para um lugar esquecido.

☐ perde a memória.

2 Circule o trecho da reportagem da atividade 1 que menciona algumas brincadeiras populares.

3 De acordo com essa reportagem, quem brinca de **queimada**, **esconde-esconde** e **roda**, **cotia**:

☐ são as crianças.   ☐ foram os pais e avós quando pequenos.

4 Releia este trecho.

Mas e as crianças de hoje, tempo das bonecas que parecem ganhar vida, dos carrinhos sofisticados, robôs e dinossauros que se movimentam?

a) Nessa frase, o adjetivo "sofisticados" funciona como adjunto adnominal de qual substantivo?

_____

b) "Sofisticado" é o mesmo que:

☐ sem graça.   ☐ caro.   ☐ fino, requintado.

5 O título dessa reportagem é uma pergunta. Que resposta você daria a ela? Por quê?

_____

_____

_____

6 As palavras a seguir foram formadas pelo acréscimo de um sufixo à palavra **criança**. Complete-as com **c** ou **ç**.

a) crian____ada   b) crian____ice   c) crian____ola

◆ O que você observou para saber como completar as palavras: a consoante que vem antes do **c** ou **ç** ou a vogal que vem depois?

7 Escreva o nome das imagens.

_____ _____ _____ _____

_____ _____ _____ _____

a) Leia em voz alta os nomes que você escreveu prestando atenção no som da letra **c** e do **ç**.

b) Copie as palavras nas colunas certas do quadro.

Palavras escritas com c		Palavras escritas com ç
C com o som do c de casa	**C com o mesmo som que o ç**	
_____	_____	_____
_____	_____	_____
_____	_____	_____

8 Complete as palavras com **c** ou **ç**.

a) abra_____o

c) _____ostela

e) doen_____a

b) a_____aí

d) almo_____o

f) a_____udir

Livros

Editora Carpe Diem

▶ **O Pequeno Príncipe em cordel**, de Josué Limeira. Recife: Carpe Diem, 2015.

Esse livro traz a história clássica de *O Pequeno Príncipe*, de Antoine de Saint-Exupéry, mas contada com versos e rimas de cordel. Fala de amor e do valor da amizade.

▶ **Cordel África**, de César Obeid. São Paulo: Moderna, 2014.

Em forma de cordel, o autor apresenta as diversas culturas que vieram da África para o Brasil. Além dos versos, as ilustrações acompanham o estilo desse gênero.

Editora Moderna

Usborne/Editora Nobel

▶ **365 ideias para criar e brincar**, de Fiona Watt. Barueri: Nobel, 2014.

Esse livro propõe atividades artísticas criativas para cada dia do ano. Com ele é possível fazer chapéu de fada, máscara de caubói e muitas outras coisas.

Site

http://mapadobrincar.folha.com.br/brincadeiras

▶ **Mapa do Brincar**. Disponível em: <http://mapadobrincar.folha.com.br/brincadeiras/>. Acesso em: 4 jun. 2019.

Nesse *site*, você conhecerá novas brincadeiras e suas regras, além dos diferentes nomes pelos quais são chamadas em diversos lugares do Brasil.

Unidade 1

Resgate na floresta

Não faz muito tempo, um barco [...] repleto de gaiolas com bichos de toda espécie, apontou no igarapé. Não longe dali, um menino indígena remava sua pequena canoa. Eram dois os caçadores, viu o menino.

Os caçadores atracaram o barco e foram à terra. Procuravam uma espécie rara de macaco, uma encomenda ilegal de animal silvestre difícil de encontrar. Eles localizaram a presa: uma macaca adulta com seu filhote. [...] A macaca conseguiu escapar, mas perdeu o filhote para os homens. E o macaquinho era tudo que eles queriam.

Juntaram a nova presa às demais, e o barquinho partiu na direção do mercado da cidade grande. O indiozinho os seguiu em sua canoinha, disposto a recuperar o bichinho e libertar os demais enjaulados.

Foram dias e dias de difícil viagem. À noite, quando o barco parava para o sono dos bandidos, o menino continuava remando para superar a distância que o barco a motor impunha à canoinha de remos que só contavam com a pouca força física de um menininho.

De madrugada, o barco seguia viagem. O menino ia atrás.

Em Belém, um entreposto [...] escondido perto do mercado Ver-o-Peso foi o ponto de chegada.

Clarissa França

Naquela madrugada, os bandidos se embriagaram para comemorar a venda lucrativa que fariam de sua carga preciosa. O menino então subiu a bordo, abriu as gaiolas e os sacos e exortou à fuga os animais sobreviventes, enfraquecidos por aquela viagem de horrores. Pegou o macaquinho nos braços, disposto a devolvê-lo à mãe, e na pequena embarcação tomou o caminho de volta.

Mais adiante, o dia escureceu. Era apenas meio-dia, e o sol sumiu.

O menino já conhecia aquela história de ouvir contar. Agora, ali no meio do rio e no escuro, levando o filhote da macaca, teve certeza de que a história se repetia: o caso da onça ciumenta que se apaixonou pelo sol. Para que ninguém mais tivesse a luz do sol e seu calor, a onça o engoliu. Aproveitou-se de um crepúsculo, quando o astro estava bem perto da margem do Grande Rio, e, nhoc!, o devorou inteirinho, com toda sua resplandecência. A escuridão se abateu sobre o mundo.

O menino não podia prosseguir no escuro e no frio da noite eterna que se iniciava. Não poderia devolver o macaquinho à mãe. Estava disposto a qualquer sacrifício. Usaria da sabedoria de sua gente para completar a missão. Afinal, ele era um índio, pensou, orgulhoso de suas tradições. Tinha que trazer a luz de volta e devolver o pequeno macaco à mãe.

Ele aprendera com o avô a história da onça e sabia de seus costumes. No fim da tarde, o felino ia beber água na lagoa. O menino, sempre cuidando do macaquinho, postou-se lá e esperou.

Quando a onça veio beber água, ele viu que o bicho, agora redondo e ainda mais majestoso, iluminava a lagoa quando sua língua lambia a superfície da água para matar a sede. De sua barriga, escapavam pela boca alguns raios do sol aprisionado. O sol estava vivo, comemorou o indiozinho. Era só questão de libertá-lo. Outro resgate, pensou.

Depois de beber água, a onça dormiu ali mesmo. De comida nunca mais precisaria, toda a energia que comanda a vida na terra estava armazenada em seu bucho.

Quando a onça ronronava, num sonho feliz, o menino aproximou-se e, com uma pena de arara, ave que gosta de rir e fazer rir, se pôs a provocar cócegas na barriga da onça. Numa reação de descontração e entrega, a onça escancarou a boca. Raios do sol iluminaram o rosto do menino.

A cócega continuou, agora em torno dos beiços da dorminhoca. A onça tanto se mexeu, tanto riu e tanto abriu a boca que, eia!, o sol se livrou da barriga que o prendia e voltou correndo para o firmamento.

Com a luz do dia restabelecida, o menino pôde continuar sua viagem e devolver o macaquinho a seu lugar.

Reginaldo Prandi. *Contos e lendas da Amazônia*. São Paulo: Companhia das Letras, 2011. p. 193, 195-199.

Bicho Homem

De todos os animais
Um é muito curioso
Ele cuida de alguns bichos
Com um jeito caprichoso
Mas com outros animais
Ele esquece o que é paz
Vira um bicho perigoso.

Quer salvar diversos bichos
Que estão em extinção
Dá amor para um gatinho
Dá carinho para um cão
Mas adora ver rodeio
E se alegra no recreio
Da tourada sem razão.

Mas em breve tudo isso
Com certeza vai mudar
Por que somos diferentes
E queremos melhorar
Para que toda essa maldade
Que abafa a liberdade
Possa já se transformar.

Afinal nós somos bichos
Como os outros animais
Bicho, homem e natureza
Esse trio é tão capaz
Todo mundo em harmonia
Lutaremos pra que um dia
Todos bichos tenham paz.

César Obeid. *Rimas animais*. São Paulo: Moderna, 2010.

Clarissa França

Declaração universal do moleque invocado

[...]

...eu, o moleque invocado, proclamo:

[...]

Toda criança é igual. O que uma sente, a outra já sentiu um dia; o que deixa uma muito triste, deixa as outras tristes também, o que deixa uma feliz, já deixou outras muito felizes antes. É assim mesmo, sem tirar nem pôr: quanto mais diferença, mais a gente é parecido.

Toda criança pode ter, pelo menos, um cachorro ou cachorra. [...]

Toda criança tem direito a aprender a língua que quiser, mesmo que seja a língua das borboletas, lobos, corujas, peixes, árvores, bolinhas de gude ou pedras. Atenção: língua de sogra também pode.

Ilustrações: Evandro Marenda

[...]

Toda criança tem direito a ir ao dentista e não sentir dor. Assim também, todas as fábricas de doces ficam obrigadas a pesquisar novas coisas de comer deliciosas, cheias de cremes e delícias melequentas que nunca estraguem os dentes ou provoquem cáries, feridas na boca e dor de dente.

[...]

Crianças invocadas de todo o mundo,
Uni-vos!

Fernando Bonassi. *Declaração universal do moleque invocado.*
São Paulo: Cosac & Naify, 2001. p. 4, 6, 8, 23.

Cidadania é quando...

[...]

Cada um de nós
Em pequenos gestos
Do dia a dia
Pode semear
A cidadania

[...]

Cidadania é quando...
...Não gasto à toa
Água tão boa
Pra se beber

[...]

...Trato as árvores
Como amigas
Muito queridas

Respiro com elas
Respeito a vida!

Cidadania é quando...

...Não desperdiço
Nem alimento
Nem energia
Senão, um dia
A terra se cansa

[...]

Clarissa França

...Eu colaboro
Faço minha parte
Faço com gosto
Faço com arte

Sozinho, sou pouco
Junto com os outros
Eu sou mais forte
Sou mais feliz!

Nílson José Machado. *Cidadania é quando...* São Paulo: Escrituras, 2004. p. 5-6, 8, 10, 19, 38-39.

A lebre e o camaleão

Antigamente, os mercadores do interior da África caminhavam longas distâncias para trocar seus produtos no comércio das vilas próximas ao mar.

A lebre e o camaleão, que naquela época eram muito amigos, costumavam seguir esses mercadores, carregando cera e borracha para trocar pelos mais variados tecidos nas vilas.

Apressada e impaciente, a lebre trocava seus produtos pelos panos e já se metia na mata de volta, não sem antes se gabar ao camaleão:

– Até mais, amigo! Vou me mandar agorinha daqui! – dizia ela.

E muito calmo e tranquilo o camaleão respondia:

– Pois eu vou no meu tempo!

A lebre, no entanto, com toda a sua pressa e precipitação, foi perdendo os tecidos um a um no caminho de casa. Não é à toa que hoje anda por aí vestida com um pano sem graça e desbotado.

O camaleão, ao contrário, conseguiu juntar as mais variadas e coloridas peças, e é por isso que pode mudar de cor sempre que tem vontade.

Fábula angolana. Domínio público.

Evandro Marenda

A semente

Chovia muito naquela aldeia. Mas as lavras[1] estavam quase sem plantas para dar comida.

Nem milho, nem batata-doce, nem mandioca porque a água da chuva cobria todas as plantas pequenas. A chuva era muita. Só as plantas maiores, as árvores, conseguiam aguentar, as mais fortes, porque as outras, mais pequenas, a água da chuva arrancava com a força dela a correr por cima do chão. [...]

[...]

Então, o vento, zangado, falou assim para a chuva:

– Minha amiga chuva, por que é que tu estás a cair assim com tanta força a estragar as plantas que vão dar comida? Como é que as crianças vão crescer e ir à escola sem comida?

Vejam só! A chuva ficou aborrecida com aquilo que disse o vento e respondeu:

– É porque tu empurras o meu corpo com muita força. Tu é que és culpado.

E começaram a discutir. A discutir muito. [...] O vento e a chuva a discutirem até o sol espreitar num buraco de uma nuvem e falar:

– É verdade que as crianças não podem crescer nem ir à escola sem comida. [...]

O sol sabe muito [...] e continuou:

– É verdade. Mas nenhum de vocês tem razão. [...] A culpa é de vocês dois que não deixam abrir a varanda do céu para eu, depois, com o meu calor, aquecer e não deixar morrer as plantas que dão comida. Já passa mais de uma semana que eu só espreito por este buraco da nuvem.

E agora já eram os três a discutir. O vento contra a chuva. A chuva contra o sol. O sol contra o vento. [...] Sempre a discutir até ficar de noite quando apareceu a lua.

– É verdade. Mas nenhum de vocês tem razão. [...] A culpa é de vocês três. E quando eu abro os olhos da noite para arrefecer o calor do dia já não venho a tempo e só de madrugada posso refrescar as plantas com orvalho.

---

1. Lavouras.

Mas depois vem o sol e se não vem o sol vem a chuva e o vento. E estragam o meu esforço. A culpa é de vocês.

E começaram os quatro todos a discutir. Agora era a lua contra o sol, contra a chuva e contra o vento. A chuva contra a lua, contra o sol e contra o vento. O vento contra a chuva, contra a lua e contra o sol. O sol contra o vento, contra a chuva e contra a lua. Então, chegou a semente de milho. A semente de milho estava toda cheia de frio e a tremer. Chegou a semente de milho e disse:

– Nenhum de vocês tem razão. Sem vocês não há vida e por que é que estão a discutir? Como é que estão a discutir se todos têm boa vontade? [...] Eu que vou entrar na terra é que sei a luta que é preciso para abrir o chão e transformar-me em planta. Mas o vento tem que soprar mais devagar. A chuva tem que cair com menos força. E o sol não pode pensar que ele sozinho é que manda na vida.

E a lua não pode ficar parada a bangar[2] e a pensar que é muito bonita e a esquecer que a geada também estraga as plantações que ficam todas queimadas.

[...]

– Sim. Nenhum de vocês é mais do que o outro porque nós só podemos viver uns com os outros.

E todos aceitaram a ideia da semente.

No ano seguinte, houve muita comida naquela aldeia. Porque o vento soprou com menos força, a chuva caiu só o que devia, o sol aqueceu bem a terra e a lua deixou de ser tão vaidosa e a semente rompeu a terra devagarinho até sair e encontrar a música dos pássaros que estavam com a barriga cheia a cantar de cima das árvores todas cheinhas de folhas verdes e contentes.

Manuel Rui. *Conchas e búzios*. São Paulo: FTD, 2013. p. 9, 11-15.

_____

2. Em atitude de vaidade.

Simone Matias

O perfume do mar
Olhar de filho

[...]

Uma vez, eu e o meu pai viajamos em julho, e ele me levou para ouvir os sons mais lindos que já conheci.

Mar, mata, passaredo, canto de cigarra, o som dos nossos pés na areia, de gaivotas fisgando peixes, o som do sol, o som da lua, das estrelas...

[...]

Quando a gente estava na praia [...] eu disse ao meu pai que cada som tem um perfume.

Ele deu uma gargalhada maravilhosa, e eu disse a ele que aquela gargalhada tinha um perfume de pai.

Ele chorou.

Eu não vi, mas ouvi um silêncio de lágrima.

De lágrima que escorre quando a felicidade grande chega, devagar...

Para mim, o mar faz o som mais bonito que existe no mundo.

O mar tem o perfume de todos os homens livres, de todas as mulheres felizes. De todas as crianças livres e felizes.

Quando me encontrei com o mar pela primeira vez, passei-o na pele e nos olhos.

Eu entrei no mar.

O meu pai contou que eu fiquei emocionado, que o mar é que tinha entrado em mim, e não eu nele.

[...]

Evandro Marenda

Olhar de pai

Em julho do ano passado, viajamos nós três.

O Toninho, o Chuvisco e eu.

[...]

Nós viajamos para a praia.

Quando o mar viu o Toninho, ele ficou apaixonado pelo meu filho.

Um momento único!

O Chuvisco amou conhecer a espuma das ondas.

Ficava medroso quando ela vinha e valente quando ela voltava.

O Universo parou para o mar conhecer o Toninho.

[...]

Ele, falando pelos cotovelos, cheio de felicidade.

Não aguentei e dei uma gargalhada escancarada.

Ele comentou, sem mais nem menos, que a minha gargalhada tinha o perfume de pai.

Eu chorei.

Fiz um silêncio alto.

Acho que ele percebeu.

Que bom!

Agora ele sabe que um homem pode chorar.

Agora ele está pronto para crescer e amar.

Um amor do tamanho do mar.

Jonas Ribeiro. *O perfume do mar*. São Paulo: Salesiana, 2009. p. 10-12, 23-24.

Evandro Marenda

Carta errante, avó atrapalhada, menina aniversariante

Era uma avó. Mais ou menos velhinha, mais ou menos gordinha, tinha o cabelo mais ou menos cinzento e, dia sim, dia não, dores nas costas que despontavam entre a segunda e a terceira costela, produzindo uma preguiça infinita.

[...]

Num desses dias meio aborrecidos, em que o sol não aparece, mas a dor nas costas sim, vovó Lia lembrou-se do aniversário da neta Luciana e resolveu escrever uma cartinha.

Querida Luciana,

[...]

Estou há mais de uma hora aqui, rabiscando esta carta cheia de bobagens para você, minha netinha querida. Queria que soubesse que me lembro sempre de você e todo aniversário seu é uma festa para mim. Embora eu seja bem preguiçosa para pegar uma caneta, desta vez está sendo um grande prazer. Não sei por que começa a dançar na minha frente uma porção de lembranças dos tempos mais distantes e as pessoas queridas que já não estão mais comigo voltam a me visitar. E pensamentos... quantos pensamentos diferentes vão surgindo, alguns passam voando e em outros eu consigo me deter. Um dia você quis saber por que eu moro em Israel, quando quatro de meus seis filhos moram no Brasil.

Evandro Marenda

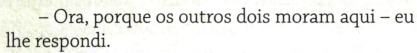

– Ora, porque os outros dois moram aqui – eu lhe respondi.

– Então você gosta mais desses dois do que dos outros quatro?

Achei tão engraçado que fiquei rindo sozinha um bocado de tempo. Não, gosto de todos da mesma maneira, mas eu vim para cá, perseguindo um sonho. Sempre, desde que saímos da Polônia, quis vir morar em Israel. Você é muito nova, mas talvez possa compreender o que seja "perseguir um sonho". Você certamente tem vários e as pessoas novas não imaginam que as velhas também têm. E mais do que isso: não imaginam que essas mais velhas vão ter coragem de levar adiante e concretizar esse sonho. E quanto maior, mais complicado, mais difícil de concretizar – é o que todos acham. E estão certos, claro! Na minha idade se pensa muito para fazer uma mudança. E agora tenho orgulho de ter conseguido. Principalmente porque deu certo: sou muito feliz aqui.

– Mas você mora sozinha! É muito chato viver sozinha, vovó! Não dá medo, vovó? – você perguntou.

Não dá. O que dá, às vezes, é muita saudade, mas eu gosto do meu lugarzinho, das minhas plantinhas, dos meus bibelozinhos, das minhas fotografias. Sabe de uma coisa que eu descobri recentemente, minha netinha? É que se a gente conseguiu encher a vida com coisas boas, quando a gente fica mais velha não precisa de alguém vivendo junto o tempo todo. Aqui eu tenho sempre muitas visitas. Algumas ficam dois dias, outras uma semana, outras algumas horas. E eu vivo muito, muito bem assim.

É bem verdade que estou sempre fazendo trapalhadas. Esqueço se já reguei as plantinhas, confundo, às vezes, os dias da semana e uso canetas erradas para escrever cartas para netinhas... Pois é, imagine que quando comecei esta carta não reparei que tinha pegado aquela caneta maluca com tinta que apaga depois de algum tempo. Aquela "caneta de espião" que você me deu de presente, lembra-se? E agora [...] tenho preguiça de copiar tudo de novo. Acho que o melhor que tenho a fazer é ir terminando, mesmo sem contar todas as minhas lembranças...

[...]

Não consigo me lembrar depois de quanto tempo a tinta começa a desaparecer...

Mirna Pinsky. *Carta errante, avó atrapalhada, menina aniversariante.*
São Paulo: FTD, 2012. p. 7-9, 45-49.

Evandro Marenda

O Branco

Às vezes o Branco brinca
De ser ausência de cor,
Pois pra deixar de ser Neutro
Vai precisar do favor
De alguma cor companheira
Que realce o seu valor.

Um pinguinho do Vermelho
Deixa o Branco todo prosa.
Quem não era cor nenhuma
Vira uma cor preciosa:
Branco deixa de ser Branco
E passa a ser Cor-de-Rosa.

Mas se a gente observar
E analisar com carinho,
Vermelho não fica Rosa
Só porque empresta um pinguinho:
Precisa de muito Branco,
Não fica Rosa sozinho.

Branco tem a sua força
Seja de que forma for.
Uma real importância,
Um poder transformador.
Que às vezes o Branco brinca,
Mas conhece o seu valor.

[...]

Clarissa França

O Roxo ou o Violeta

Também, como Violeta,
Pode o Roxo ser chamado.
Os dois nomes estão certos,
Pois nenhum está errado.
O que se pinta de Roxo,
De Violeta está pintado.

O Roxo é o resultado
Do misto, de uma mistura
Entre o Azul e o Vermelho,
Numa dosagem segura.
Encontrá-lo, dessa forma,
Depende de quem procura.

Pois quem busca pelo Roxo,
De maneira paralela,
Vai encontrá-lo nas flores
Em que o Roxo se revela.
E, estando bem desatento,
Ganha o Roxo na canela.

Maria Augusta de Medeiros. *Cores em cordel*.
São Paulo: Formato, 2012. p. 6-7, 21.

Unidade ➊

1 Leia a quadrinha prestando atenção no som das palavras.

A roseira quando nasce
toma conta do jardim.
Eu também ando buscando
quem tome conta de mim.

Domínio público.

Carolina Sartório

a) Circule as palavras que rimam.

b) Copie estas palavras colocando cada sílaba em um quadrinho.

◆ ando: ☐ ☐   ◆ jardim: ☐ ☐

◆ conta: ☐ ☐   ◆ também: ☐ ☐

c) Pinte os quadrinhos em que a sílaba tem uma vogal com som nasal (som que parece sair pelo nariz).

2 Quais destas palavras têm vogal com som nasal? Sublinhe-as.

> sabão   sapato   portão   mãe   cadeira

3 Organize as palavras **pão**, **pomba**, **tampa**, **mãe**, **onda** e **canguru** nas colunas de acordo com a forma de marcar o som nasal da vogal.

Vogal + m	Vogal + n	Ão ou ãe

4 Complete as palavras com **m** ou **n**.

a) pa____deiro

b) tro____pa

c) fra____go

d) e____pada

e) u____bigo

f) ma____ga

5 Siga o código e escreva as palavras.

a	e	i	o	u	b	c	l	m	n	r	s	t
❄	✋	🙂	💧	🔶	◯	✉	✏	✂	☎	✈	🏵	☯

a) ❄ ☎ ✋ ✏: _____

b) ✉ ❄ ☎ 🙂 ✏: _____

c) ☯ ❄ ✂ ◯ 💧 ✈: _____

d) 🔶 ✈ 🏵 💧: _____

6 Separe as sílabas das palavras da atividade anterior.

a) _____

b) _____

c) _____

d) _____

7 Escreva o nome das imagens colocando uma sílaba em cada quadrinho.

noeemi/iStockphoto.com

stockphoto mania/ Shutterstock.com

TanyaRozhnovskaya/ Shutterstock.com

Unidade 2

1 Leia esta tirinha com o personagem Gui.

Mariana Caltabiano.

a) Por que Gui queria um jogo novo?

_____

b) Gui se diz muito habilidoso. Quem é habilidoso é:

☐ vagaroso, atrapalhado.   ☐ jeitoso, hábil.

c) O último quadrinho confirma que o personagem é habilidoso?
Explique sua resposta.

_____

_____

_____

2 Conte as sílabas das palavras e ligue cada uma a sua classificação.

a) habilidoso   ◆ monossílaba

b) mãe   ◆ dissílaba

c) segunda   ◆ polissílaba

d) tênis   ◆ trissílaba

3 Junte as sílabas indicadas abaixo e forme uma palavra.

1ª sílaba de **flocos** + 2ª sílaba de **flores** + 3ª sílaba de **planeta**

_____

4 Copie as palavras abaixo no quadro de acordo com a posição do **s**.

roseira   tesouro   sino   mesada   sono   semente

1º grupo: **s** no início da palavra	2º grupo: **s** entre duas vogais

Agora associe:

a) 1º grupo

b) 2º grupo

◆ Letra **s** com o som do **z** de **natureza**.

◆ Letra **s** com o som do **c** de **cebola**.

5 Complete adequadamente o nome das imagens.

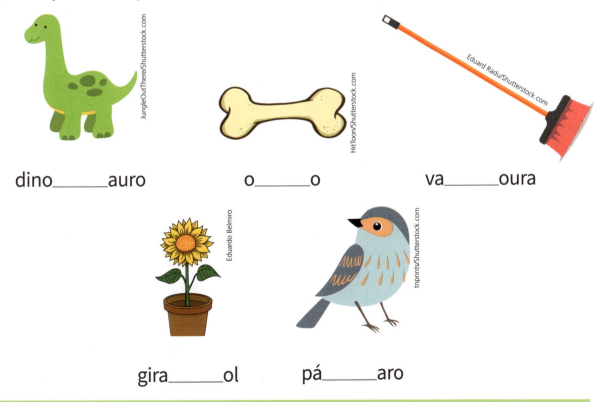

dino_____auro

o_____o

va_____oura

gira_____ol

pá_____aro

1 Escreva o nome das imagens no diagrama.

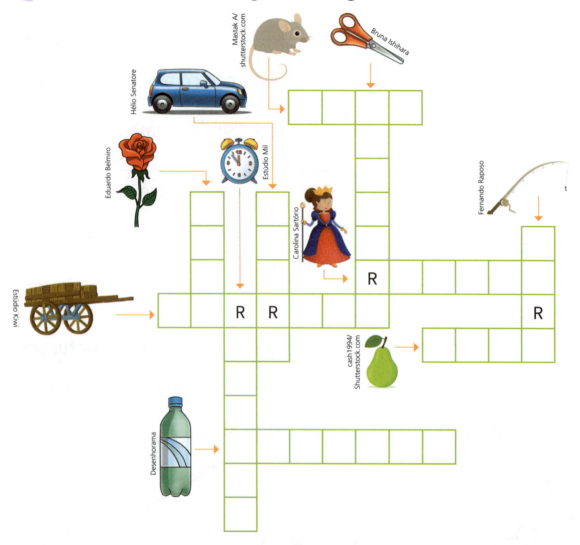

2 Copie no quadro as palavras que você escreveu no diagrama conforme indicado a seguir.

R no início da palavra (som forte)	R entre vogais (som fraco)	RR (som forte)

3 Circule a sílaba tônica das palavras abaixo e classifique-as em oxítonas, paroxítonas ou proparoxítonas.

a) parabéns: _____

c) cavaleiro: _____

b) repórter: _____

d) rápido: _____

4 Leia este trecho de um texto sobre sabiás.

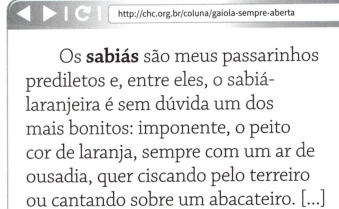

http://chc.org.br/coluna/gaiola-sempre-aberta

Os **sabiás** são meus passarinhos prediletos e, entre eles, o sabiá-laranjeira é sem dúvida um dos mais bonitos: imponente, o peito cor de laranja, sempre com um ar de ousadia, quer ciscando pelo terreiro ou cantando sobre um abacateiro. [...]

▶ Sabiá-laranjeira.

Ismar de Souza Carvalho. Gaiola sempre aberta. *Ciência Hoje das Crianças*, 10 ago. 2012. Disponível em: <http://chc.org.br/coluna/gaiola-sempre-aberta>. Acesso em: 6 maio 2019.

O autor desse texto poderia ter escrito a palavra **sabiás** sem o acento agudo? Por quê?

_____

5 Escreva o nome das imagens a seguir. Não se esqueça de colocar o acento gráfico.

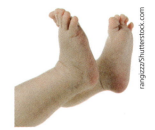

_____   _____   _____

1 Observe as imagens a seguir e leia as palavras.

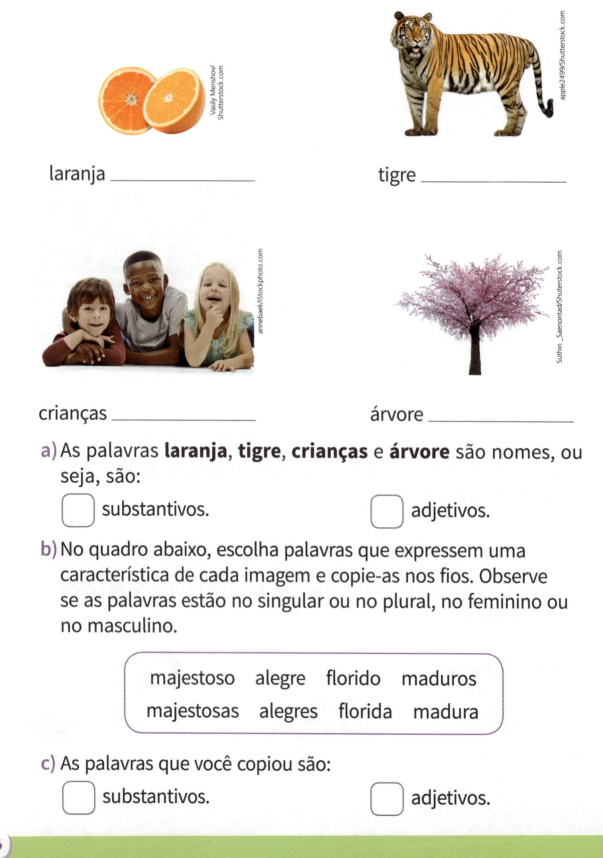

laranja _____

tigre _____

crianças _____

árvore _____

a) As palavras **laranja**, **tigre**, **crianças** e **árvore** são nomes, ou seja, são:

☐ substantivos.   ☐ adjetivos.

b) No quadro abaixo, escolha palavras que expressem uma característica de cada imagem e copie-as nos fios. Observe se as palavras estão no singular ou no plural, no feminino ou no masculino.

majestoso	alegre	florido	maduros
majestosas	alegres	florida	madura

c) As palavras que você copiou são:

☐ substantivos.   ☐ adjetivos.

3 Leia esta quadrinha.

Sou pequenina,
criança mimosa.
Trago nas faces
as cores da rosa.

Domínio público.

a) Circule o adjetivo que rima com **rosa**.

b) Reescreva a quadrinha trocando esse adjetivo por outro adjetivo que rime com **rosa** e combine com o assunto dos versos.

_____ _____

_____ _____

4 Circule no diagrama o nome das imagens a seguir.

C	R	S	O	C	A	R	T	A	F
E	A	O	L	K	W	G	K	R	R
T	S	R	V	M	Ç	A	F	X	E
Y	S	V	E	E	L	R	L	W	G
U	W	E	Q	U	K	F	O	S	A
K	H	T	A	M	B	O	R	Ç	D
U	G	E	U	L	O	M	A	Z	O
E	R	R	Ç	A	Q	N	Y	X	R

a) Escreva as palavras do quadro nas linhas separando-as em sílabas.

_____ _____

_____ _____

_____ _____

b) Nas palavras do item **a**, sublinhe as sílabas que terminam em **r**.

c) Organize no quadro as palavras do diagrama de acordo com a posição da sílaba que termina em **r**.

A sílaba que termina em r fica no começo ou no meio da palavra	A sílaba que termina em r fica no fim da palavra

5 Adivinhe e escreva nos quadrinhos.

1. Animal que gosta de banana e de outras frutas.

2. É usada no jogo de tênis.

3. Inseto que pode transmitir algumas doenças.

4. Buraco onde moram alguns animais.

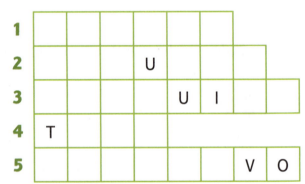

5. Aplicação de remédio e atadura em um machucado.

6 Agora copie as palavras da atividade anterior.

SOM DO C DE CAVALO REPRESENTADO:	
pela letra **c**	pelas letras **qu**

1 Leia a tirinha.

Bill Watterson.

a) No primeiro quadrinho, a mãe de Calvin faz uma pergunta a ele. Como o leitor percebe que a fala dela é uma pergunta?

_____

b) Circule na tirinha a resposta de Calvin.

c) Com que sinal de pontuação a resposta de Calvin termina?

_____

d) Pelo segundo quadrinho, você imagina que Calvin gostou do livro ou não? Explique sua resposta.

_____

_____

_____

e) A última fala de Calvin surpreende o leitor. Por que Calvin não quer que a mãe lhe traga mais livros?

_____

_____

2 Se a história narrada na tirinha fosse transformada em um conto infantil, a conversa entre os personagens poderia ser escrita assim:

Calvin diz para a mãe:

– Eu li este livro que você pegou pra mim.

E a mãe pergunta:

– E aí, o que achou?

a) Que sinal foi usado para indicar a fala dos personagens?

_____

b) Pinte o sinal que aparece no fim das frases que vêm antes das falas dos personagens.

c) Esse sinal indica ao leitor que:

☐ um personagem está falando.

☐ um personagem vai falar.

3 Leia esta informação sobre o pica-pau.

Você sabe por que o pica-pau bica a madeira?

Com seu forte bico, ele **fura** a casca das árvores e **pega**, lá dentro, larvas para seu alimento.

noicherrybeans/Shutterstock.com

▶ Pica-pau.

a) Complete com uma das palavras entre parênteses: As palavras **fura** e **pega** indicam _____ (características; ações) do pica-pau.

b) **Fura** e **pega** são:

☐ substantivos.   ☐ adjetivos.   ☐ verbos.

c) Essas palavras dão ideia de algo que acontece no presente, aconteceu no passado ou acontecerá no futuro?

_____

_____

d) Veja que problema um pica-pau causou em uma cidade do Acre.

> Uma ave pica-pau [...] perfurou com o seu poderoso bico uma caixa que faz a proteção dos fios de fibra ótica, deixando os moradores da cidade sem internet por cinco horas.

Natalie Rosa. Pica-pau deixa cidade do Acre sem internet após furar caixa de fibra ótica. *Canal Tech*, 21 jul. 2018. Disponível em: <https://canaltech.com.br/curiosidades/pica-pau-deixa-cidade-do-acre-sem-internet-apos-furar-caixa-de-fibra-otica-116382>. Acesso em: 7 maio 2019.

- ◆ Circule o verbo que exprime a ação do pica-pau que provocou o problema.

- ◆ Esse verbo indica presente, passado ou futuro?

_____

4 Leia o texto e observe os pronomes **ela** e **eles** destacados.

Por que os vermes da areia vivem enterrados?

Debaixo da areia é sempre frio e úmido, por isso **ela** se torna um bom esconderijo para os animais que fazem tocas. Os moluscos, os vermes da areia e muitas outras criaturas vivem em buracos sob a areia. Ali, **eles** se escondem de predadores como aves e caranguejos. [...]

Claire Llewellyn, Angela Wilkes e Jim Bruce. *Como? Onde? Por quê?*: perguntas e respostas sobre o mundo animal. Barueri: Girassol, 2007. p. 122.

a) A que substantivo se refere o pronome **ela**? Circule-o.

b) E o pronome **eles**, a que se refere?

_____

_____

1 Leia esta tirinha de Armandinho.

Alexandre Beck.

a) O que Armandinho e sua família fizeram quando acabou a luz?

_____

_____

b) Por que, provavelmente, a noite sem luz foi a mais legal da vida de Armandinho?

_____

_____

_____

c) O que Armandinho disse no momento em que acabou a luz?

_____

d) Releia a última fala de Armandinho no primeiro quadrinho. Nessa fala, **ralados** quer dizer:

☐ arranhados, esfolados.

☐ em situação difícil.

☐ passados no ralador.

e) No último quadrinho, Armandinho diz a palavra **legal**, que é adequada em situações do dia a dia, informais. Que sinônimo de **legal** ele poderia usar se a situação fosse formal, como uma exposição oral aos colegas e ao professor?

_____

_____

2 Sublinhe o verbo nestas frases.

a) A luz acabou lá em casa.

b) Meu pai pegou um livro.

c) A família conversou até tarde.

3 Volte às frases da atividade 2.

a) Circule, em cada uma, o substantivo ao qual o verbo se refere.

b) Os substantivos que você circulou têm a função de **sujeito** nessas frases. Eles estão no singular ou no plural?

_____

c) E o verbo ligado a cada substantivo? Está no singular ou no plural?

_____

4 Complete as frases abaixo com o verbo entre parênteses no singular ou no plural. Para isso, veja se o sujeito – destacado – está singular ou no plural.

a) **A luz e a água** _____ lá em casa. (acabar)

b) **Ana e João** _____ uma vela. (acender)

c) **Armandinho e o pai** _____ até tarde. (conversar)

5 Leia o título de uma notícia.

◀ ▶ | C | https://g1.globo.com/mt/mato-grosso/noticia/2019/03/26/apagao-deixa-moradores-de-varzea-grande-mt ☆

Apagão deixa moradores de Várzea Grande (MT) sem energia elétrica por 1 hora.

G1. Disponível em: <https://g1.globo.com/mt/mato-grosso/noticia/2019/03/26/apagao-deixa-moradores-de-varzea-grande-mt-sem-energia-eletrica-diz-concessionaria.ghtml>. Acesso em: 7 maio 2019.

a) Pinte o verbo do título.

b) Circule o sujeito, isto é, o substantivo ao qual o verbo se refere.

c) Além do sujeito, o título tem um **predicado**, que é a parte em que aparece o verbo. Sublinhe o predicado do título.

6 Leia bem rápido estes trava-línguas sem enrolar a língua.

Pedro pregou um prego na porta preta.

Domínio público.

Carolina Sartório

Luzia lustra os lustres listrados.

Domínio público.

a) Pinte o verbo usado em cada trava-língua.

b) Circule de **azul**: O que é que Pedro pregou na porta preta?

c) Circule de **roxo**: O que é que Luzia lustra?

d) Complete a conclusão com uma das expressões entre parênteses.

◆ As palavras **prego** e **lustres** são _____ (substantivos; adjetivos; verbos). Nesses trava-línguas, elas completam o sentido dos verbos **pregou** e **lustra** e têm a função de

_____ (sujeito; predicado; objeto direto).

1 Leia este trecho de uma matéria sobre peças de teatro para crianças.

"A Bela e a Fera" [...] é um espetáculo para todos os públicos, todas as idades. Sua mensagem é simples, eficiente e capaz de emocionar, ao combater o preconceito e dizer aquilo que deveria ser natural [...]: o que importa é o caráter de uma pessoa, suas intenções e atitudes, e não seu visual, sua carcaça.

Nathália Tourais. 10 musicais e peças de teatro para levar as crianças em São Paulo. *Guia da Semana*, 24 maio 2016. Disponível em: <www.guiadasemana.com.br/teatro/noticia/10-musicais-e-pecas-de-teatro-para-levar-as-criancas-em-sao-paulo>. Acesso em: 7 maio 2019.

▸ Montagem de *A Bela e a Fera*. Estados Unidos, 2017.

a) A que o pronome **sua** se refere em "Sua mensagem é simples"?

_____

b) E os pronomes **seus** e **suas**, a que se referem?

_____

c) Você concorda com a opinião expressa no texto de que o que importa é o caráter de uma pessoa, não seu visual? Explique sua opinião.

_____

_____

_____

_____

2 Leia a seguir como o escritor Sérgio Capparelli recriou a conhecida fábula "A cigarra e a formiga", de Esopo.

A Cigarra, a Formiga e Esopo

A formiga havia carregado os restos de um besouro para o formigueiro e estava muito cansada. Foi se queixar ao Esopo.

– Não aguento mais, Esopo! – disse a formiga. – Essa cigarra canta o tempo todo, enquanto eu trabalho.

Esopo perguntou:

– Já leu o que escrevi? A cigarra vai morrer de frio no inverno.

– Tem certeza?

– Está na moral da fábula, formiga! Se quiser saber mais, leia o livro.

No outro dia, a cigarra subiu no alto de um pessegueiro, olhou para um lado, para o outro e soltou a voz. Nesse momento passava por ali um representante da indústria de discos.

Ele exclamou:

– Que belíssimo canto! Que voz maviosa!

A cigarra fez um teste como intérprete de música popular, teve seu nome aprovado e assinou um contrato milionário.

Ao saber disso, a formiga irritou-se ainda mais e foi procurar novamente Esopo. Ele desculpou-se:

– Sinto muito pelo acontecido. Nem sempre as coisas acontecem segundo minhas previsões ou a moral de fábulas.

Não se deve fiar muito em moral de fábula.

Carolina Sartório

> **Glossário**
>
> **Fiar:** acreditar, confiar.
> **Mavioso:** melodioso; comovente.

Sérgio Capparelli. *30 fábulas contemporâneas para crianças.*
Porto alegre: L&PM, 2008. p. 40.

a) A fábula de Esopo ensina que é preciso preparar-se para o futuro. Qual é o objetivo da versão acima?

☐ Por meio do humor, mostrar que as coisas podem acontecer de um jeito diferente do que foi planejado.

☐ Mostrar às crianças a importância de fazer tudo sempre da mesma forma, sem alterações.

b) Em "A cigarra fez um teste como intérprete de música popular, teve seu nome aprovado [...]", "seu nome" é o nome de quem?

_____

c) Quando vai se queixar a Esopo, a formiga diz:

– Não aguento mais, Esopo! – disse a formiga. – Essa cigarra canta o tempo todo, enquanto eu trabalho.

Que expressão com um pronome demonstrativo a formiga usou para indicar a Esopo de quem ela estava falando?

_____

3 Leia estas palavras da fábula "A Cigarra, a Formiga e Esopo" prestando atenção no som representado pelo **g**.

> cigarra   formiga
>
> formigueiro   carregado
>
> pessegueiro   segundo

◆ Organize as palavras nas colunas certas.

PALAVRAS COM O SOM DO G DE GARFO REPRESENTADO:	
pela letra g	**pelas letras gu**

Unidade 8

1 Leia o título e o começo de uma notícia.

Mais de meio milhão de orelhões foram desligados no Brasil desde dezembro

Desde o fim de 2018, mais de 500 mil telefones de uso público, conhecidos como orelhões, foram desativados pelas companhias telefônicas no Brasil. [...]

Joca, abr./maio 2019. p. 3.

a) Circule no título e no começo do texto a quantidade de orelhões desligados no Brasil desde dezembro.

b) "Mais de meio milhão de orelhões" é igual a "mais de 500 mil telefones de uso público" ou é outra quantidade? Explique.

_____

_____

2 A palavra **desligados** tem sentido oposto ao de _____.

3 Na atividade 2, você escreveu um antônimo de **desligados**. Agora copie da notícia um sinônimo dela, isto é, uma palavra de sentido parecido com o de **desligados**.

_____

4 Explique com suas palavras a diferença de sentido entre **ativado** e **desativado**.

_____

_____

_____

❖ Que parte da palavra **desativado** indica que ela tem sentido oposto ao de **ativado**?

_____

5 **Des-** é um prefixo. Escreva-o no começo das palavras abaixo e forme novas palavras.

a) leal: _____   d) mentir: _____

b) confiar: _____   e) armar: _____

c) coberto: _____   f) cobrir: _____

6 Leia as frases e marque o sentido que o prefixo traz às palavras destacadas.

a) Estou **superfeliz** hoje.

☐ quase feliz   ☐ pouco feliz   ☐ muito feliz

b) Não seja **indelicado**.

☐ delicado   ☐ grosseiro   ☐ gentil

c) Somos **tricampeãs**!

☐ duas vezes campeãs   ☐ três vezes campeãs

d) As matrículas foram **reabertas**.

☐ abertas de novo   ☐ fechadas de novo

7 Leia este trecho de um texto publicado em uma revista de divulgação científica para crianças.

http://chc.org.br/quem-quer-ser-cientista

Cientistas podem estudar coisas tão pequenas que não conseguimos enxergar, ou tão gigantescas que nem conseguimos imaginar. Podem investigar o corpo humano, o DNA das plantas, a composição química das estrelas. Mas cientistas são gente como a gente, comem, conversam, se divertem, dormem. [...]

Everton Lopes. Quem quer ser um cientista. *Ciência Hoje das Crianças*, 3 jun. 2015.
Disponível em: <http://chc.org.br/quem-quer-ser-cientista>. Acesso em: 8 maio 2019.

a) O assunto desse trecho são:

☐ as plantas. ☐ as estrelas. ☐ os cientistas.

b) A palavra **cientista** é formada por **ciência** + sufixo **-ista**. Forme outras palavras com esse sufixo.

- jornal: _____
- dente: _____
- flor: _____
- desenho: _____

8 Leia uma estrofe da cantiga "Meu limão, meu limoeiro".

Meu limão, meu limoeiro,
meu pé de jacarandá.
Uma vez, tindô lê lê,
outra vez, tindô lá lá.
[...]

Domínio público.

Semiletava Hanna/Shutterstock.com

Observe a formação de **limoeiro** e forme outros nomes de árvore.

- **limão** – **-ão** + **-eiro** = limoeiro

a) abacate – _____ + _____ = _____

b) banana – _____ + _____ = _____

1 Leia estas estrofes de um poema de cordel.

A greve dos bichos

Muito antes do dilúvio
Era o mundo diferente
Os bichos todos falavam
Melhor do que muita gente
E passavam boa vida
Trabalhando honestamente

O diretor dos Correios
Era o doutor jabuti
O fiscal do litoral
Era o matreiro siri
Que tinha como ajudante
O malandro do quati

[...]

O cachorro era cantor
Gostava de serenata
Andava muito cintado
De colete e de gravata
Passava a noite na rua
Mais o besouro e a barata

[...]

Carolina Satório

Zé Vicente. *Academia Brasileira de Literatura de Cordel*. Disponível em: <www.ablc.com.br/a-greve-dos-bichos>. Acesso em: 8 maio 2019.

Glossário

Cintado: de roupa acinturada.

Dilúvio: inundação da Terra que teria acontecido antigamente.

Greve: paralisação coletiva do trabalho para garantir direitos ou conquistar benefícios.

Matreiro: espertalhão, ardiloso.

a) Circule as palavras que rimam no fim dos versos.

b) Quais são os versos que rimam em cada estrofe?

_____

_____

c) Releia estes versos.

O fiscal do litoral
Era o matreiro siri

Que palavra foi usada para indicar uma característica do siri?

_____

d) Essa palavra é um:

⬜ substantivo.   ⬜ adjetivo.   ⬜ verbo.

e) Se o fiscal do litoral fosse uma onça, como ficariam esses dois versos? Reescreva-os fazendo as mudanças necessárias.

_____

_____

2 Os adjetivos podem especificar o sentido de um substantivo. Quando têm essa função, eles são chamados de adjuntos adnominais.

◆ Releia a estrofe abaixo. Que **adjunto adnominal** foi usado para indicar como era a vida dos bichos? Sublinhe-o.

Muito antes do dilúvio
Era o mundo diferente
Os bichos todos falavam
Melhor do que muita gente
E passavam boa vida
Trabalhando honestamente

Carolina Satório

3 Leia estas palavras.

Carolina Satório

> cachorro   Correios   cantor
> cintado   colete   cegonha

a) Circule as sílabas que contêm a letra **c**.

b) Pinte a vogal que vem depois dessa letra.

c) Há mudança no som representado pela letra **c** conforme a vogal que vem depois dela? Explique com suas palavras.

_____

_____

_____

4 Complete as palavras com a vogal adequada.

a) mac____c____

b) morc____go

c) esc____la

d) c____mento

e) c____sne

f) ac____sado

g) c____lular

h) c____brito

i) esc____ro

5 Complete o diagrama seguindo as dicas.

1. Parte interna e dura de frutos como a manga.

2. Pedaço de tecido usado como enfeite nos cabelos ou para assoar o nariz.

3. Parte do corpo entre o tronco e a cabeça.

4. Alimento para animais.

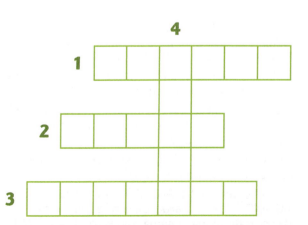

Referências

ADAMS, Marilyn J. et al. *Consciência fonológica em crianças pequenas*. Porto Alegre: Artmed, 2006.

ANTUNES, Irandé. *Aula de Português*: encontro e interação. São Paulo: Parábola, 2003.

BAGNO, Marcos. *Nada na língua é por acaso*: por uma pedagogia da variação linguística. São Paulo: Parábola, 2007.

BAKHTIN, Mikhail. *Marxismo e filosofia da linguagem*. São Paulo: Hucitec, 2009.

_____. Os gêneros do discurso. In: _____. *Estética da criação verbal*. São Paulo: WMF Martins Fontes, 2010.

BRANDÃO, Ana C. P.; ROSA, Ester C. de S. (Org.). *Leitura e produção de textos na alfabetização*. Belo Horizonte: Autêntica, 2005. Disponível em: <http://coordenacaoescolagestores.mec.gov.br/ufsc/file.php/1/coord_ped/sala_12/arquivos/Leitura_e_produ cao_anexo3.pdf>. Acesso em: 2 jun. 2019.

BRASIL. Ministério da Educação. Secretaria de Educação Básica. *Diretrizes curriculares nacionais para o Ensino Fundamental de 9 (nove) anos*. Brasília, 2010.

_____. Ministério da Educação. Secretaria de Educação Básica. *Pacto nacional pela alfabetização na idade certa*. Brasília, 2012.

_____. Ministério da Educação. Secretaria de Educação Básica. *Base Nacional Comum Curricular*. Brasília, 2018.

_____. Ministério da Educação. Secretaria de Educação Fundamental. *Parâmetros curriculares nacionais*: 1ª a 4ª série. Brasília, 1997.

CAGLIARI, Luiz Carlos. *Alfabetização e linguística*. São Paulo: Scipione, 2010.

COELHO, Nelly N. *Literatura infantil*: teoria, análise, didática. São Paulo: Moderna, 2002.

COLL, César et al. *O construtivismo na sala de aula*. São Paulo: Ática, 2006.

_____; TEBEROSKY, Ana. *Aprendendo português*: conteúdos essenciais para o Ensino Fundamental de 1ª a 4ª série. São Paulo: Ática, 2000.

COLOMER, Teresa; CAMPS, Anna. *Ensinar a ler, ensinar a compreender*. Porto Alegre: Artmed, 2002.

DIONISIO, Angela P.; MACHADO, Anna R.; BEZERRA; M. Auxiliadora (Org.). *Gêneros textuais e ensino*. São Paulo: Parábola, 2010.

FARACO, Carlos A. *Linguagem escrita e alfabetização*. São Paulo: Contexto, 2012.

FÁVERO, Leonor L.; ANDRADE, M. Lúcia C. V. O.; AQUINO, Zilda G. *Oralidade e escrita*: perspectiva para o ensino de língua materna. São Paulo: Cortez, 2012.

FERREIRO, Emilia. *Com todas as letras*. São Paulo: Cortez, 2010.

_____. *Cultura escrita e educação*. Porto Alegre: Artmed, 2001.

_____; TEBEROSKY, Ana. *Psicogênese da língua escrita*. Porto Alegre: Artmed, 1999.

JOLIBERT, Josette (Coord.). *Formando crianças leitoras*. Porto Alegre: Artmed, 1994.

KATO, Mary A. (Org.). *A concepção da escrita pela criança*. Campinas: Pontes, 2010.

KOCH, Ingedore V. *A coerência textual*. São Paulo: Contexto, 2004.

_____. *A coesão textual*. São Paulo: Contexto, 2002.

_____; ELIAS, Vanda M. *Ler e compreender os sentidos do texto*. São Paulo: Contexto, 2006.

LEMLE, Miriam. *Guia teórico do alfabetizador*. São Paulo: Ática, 2007.

LERNER, Delia. *Ler e escrever na escola*: o real, o possível, o necessário. Porto Alegre: Artmed, 2002.

MARCUSCHI, Luiz A. *Da fala para a escrita*: atividades de retextualização. São Paulo: Cortez, 2010.

_____. *Produção textual, análise de gêneros e compreensão*. São Paulo: Parábola, 2008.

MORAIS, Artur G. de. *Sistema de escrita alfabética*. São Paulo: Melhoramentos, 2012.

PRETI, Dino. *Sociolinguística*: os níveis de fala. São Paulo: Edusp, 2003.

ROJO, Roxane (Org.). *Alfabetização e letramento*. Campinas: Mercado de Letras, 1998.

_____; BATISTA, Antônio A. G. (Org.). *Livro didático de língua portuguesa*: letramento e cultura da escrita. Campinas: Mercado de Letras, 2003.

SCHNEUWLY, Bernard; DOLZ, Joaquim et al. *Gêneros orais e escritos na escola*. Campinas: Mercado de Letras, 2004.

SOARES, Magda. *Alfabetização e letramento*. São Paulo: Contexto, 2003.

SOLÉ, Isabel. *Estratégias de leitura*. Porto Alegre: Artmed, 1998.

TEBEROSKY, Ana. *Aprendendo a escrever*. São Paulo: Ática, 1995.

VIGOTSKI, Lev S. *A formação social da mente*. São Paulo: Martins Fontes, 2007.

_____. *Pensamento e linguagem*. São Paulo: Martins Fontes, 2008.

ZILBERMAN, Regina. *A literatura infantil brasileira*. Rio de Janeiro: Objetiva, 2005.

Unidade 1

Recortar

◆ Quadro para o jogo *stop* da página 10.

Pontos						
Objeto						
Cidade/estado/país						
Animal						
Fruta						
Flor						

◆ Quebra-cabeça da página 152.

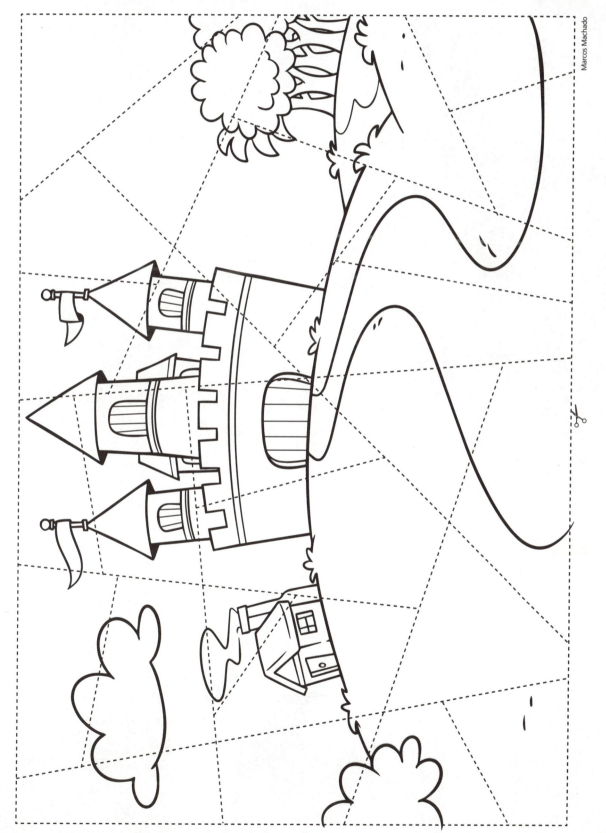

Marcos Machado

◆ Roupas e adereços para a atividade da seção **Como eu vejo** da página 194.

DKO Estúdio